# PREFACIO

La colección de guías de conversación para viajar "Todo irá bien" publicada por T&P Books está diseñada para personas que viajan al extranjero para turismo y negocios. Las guías contienen lo más importante - los elementos esenciales para una comunicación básica.Éste es un conjunto de frases imprescindibles para "sobrevivir" mientras está en el extranjero.

Esta guía de conversación le ayudará en la mayoría de los casos donde usted necesite pedir algo, conseguir direcciones, saber cuánto cuesta algo, etc. Puede también resolver situaciones difíciles de la comunicación donde los gestos no pueden ayudar.

Este libro contiene muchas frases que han sido agrupadas según los temas más relevantes. Una sección separada del libro también ofrece un pequeño diccionario con más de 1.500 palabras importantes y útiles.

Llévese la guía de conversación "Todo irá bien" en el camino y tendrá una insustituible compañera de viaje que le ayudará a salir de cualquier situación y le enseñará a no temer hablar con extranjeros.

# TABLA DE CONTENIDOS

T&P Books Publishing

Colección de guías de conversación
"¡Todo irá bien!"

T&P Books Publishing

# GUÍA DE CONVERSACIÓN

# SUECO

## LAS PALABRAS Y LAS FRASES MÁS ÚTILES

Esta Guía de Conversación
contiene las frases y las
preguntas más comunes
necesitadas para una
comunicación básica
con extranjeros

Andrey Taranov

T&P BOOKS

Guía de conversación + diccionario de 1500 palabras

# Guía de conversación Español-Sueco y diccionario conciso de 1500 palabras

por Andrey Taranov

La colección de guías de conversación para viajar "Todo irá bien" publicada por T&P Books está diseñada para personas que viajan al extranjero para turismo y negocios. Las guías contienen lo más importante - los elementos esenciales para una comunicación básica. Éste es un conjunto de frases imprescindibles para "sobrevivir" mientras está en el extranjero.

Una otra sección del libro también ofrece un pequeño diccionario con más de 1.500 palabras útiles. El diccionario incluye muchos términos gastronómicos y será de gran ayuda para pedir los alimentos en un restaurante o comprando comestibles en la tienda.

T&P Books Publishing
www.tpbooks.com

ISBN: 978-1-78616-895-5

Este libro está disponible en formato electrónico o de E-Book también.
Visite www.tpbooks.com o las librerías electrónicas más destacadas en la Red.

# PRONUNCIACIÓN

| La letra | Ejemplo sueco | T&P alfabeto fonético | Ejemplo español |
|----------|---------------|------------------------|-----------------|
| Aa | bada | [ɑ], [ɑː] | altura |
| Bb | tabell | [b] | en barco |
| Cc [1] | licens | [s] | salva |
| Cc [2] | container | [k] | charco |
| Dd | andra | [d] | desierto |
| Ee | efter | [e] | verano |
| Ff | flera | [f] | golf |
| Gg [3] | gömma | [j] | asiento |
| Gg [4] | truga | [g] | jugada |
| Hh | handla | [h] | registro |
| Ii | tillhöra | [iː], [i] | rápido |
| Jj | jaga | [j] | asiento |
| Kk [5] | keramisk | [ɕ] | China |
| Kk [6] | frisk | [k] | charco |
| Ll | tal | [l] | lira |
| Mm | medalj | [m] | nombre |
| Nn | panik | [n] | número |
| Oo | tolv | [ɔ] | costa |
| Pp | plommon | [p] | precio |
| Qq | squash | [k] | charco |
| Rr | spelregler | [r] | era, alfombra |
| Ss | spara | [s] | salva |
| Tt | tillhöra | [t] | torre |
| Uu | ungefär | [u], [ʉː] | esturión, lucha |
| Vv | overall | [v] | travieso |
| Ww [7] | kiwi | [w] | acuerdo |
| Xx | sax | [ks] | taxi |
| Yy | manikyr | [y], [yː] | nocturna |
| Zz | zoolog | [s] | salva |
| Åå | sångare | [ə] | llave |
| Ää | tandläkare | [æ] | vencer |
| Öö | kompositör | [ø] | alemán - Hölle |

| La letra | Ejemplo sueco | T&P alfabeto fonético | Ejemplo español |
|---|---|---|---|

## Las combinaciones de letras

| | | | |
|---|---|---|---|
| Ss [8] | sjösjuka | [ʃ] | shopping |
| sk [9] | skicka | [ʃ] | shopping |
| s [10] | först | [ʃ] | shopping |
| J j [11] | djärv | [j] | asiento |
| Lj [12] | ljus | [j] | asiento |
| kj, tj | kjol | [ɕ] | China |
| ng | omkring | [ŋ] | manga |

## Comentarios

* **kj** se pronuncia como
** **ng** tranfiere un sonido nasal
[1] delante de **e, i, y**
[2] en el resto de los casos
[3] delante de **e, i, ä, ö**
[4] en el resto de los casos
[5] delante de **e, i, ä, ö**
[6] en el resto de los casos
[7] en palabras prestadas
[8] en **sj, skj, stj**
[9] delante de **e, i, y, ä, ö** en posición tónica
[10] en la combinación **rs**
[11] en **dj, hj, gj, kj**
[12] al principio de una palabra

# LISTA DE ABREVIATURAS

## Abreviatura en español

| | | |
|---|---|---|
| adj | - | adjetivo |
| adv | - | adverbio |
| anim. | - | animado |
| conj | - | conjunción |
| etc. | - | etcétera |
| f | - | sustantivo femenino |
| f pl | - | femenino plural |
| fam. | - | uso familiar |
| fem. | - | femenino |
| form. | - | uso formal |
| inanim. | - | inanimado |
| innum. | - | innumerable |
| m | - | sustantivo masculino |
| m pl | - | masculino plural |
| m, f | - | masculino, femenino |
| masc. | - | masculino |
| mat | - | matemáticas |
| mil. | - | militar |
| num. | - | numerable |
| p.ej. | - | por ejemplo |
| pl | - | plural |
| pron | - | pronombre |
| sg | - | singular |
| v aux | - | verbo auxiliar |
| vi | - | verbo intransitivo |
| vi, vt | - | verbo intransitivo, verbo transitivo |
| vr | - | verbo reflexivo |
| vt | - | verbo transitivo |

## Abreviatura en sueco

| | | |
|---|---|---|
| pl | - | plural |

# Artículos en sueco

| | | |
|---|---|---|
| den | - | género neutro |
| det | - | neutro |
| en | - | género neutro |
| ett | - | neutro |

T&P BOOKS

# GUÍA DE CONVERSACIÓN SUECO

Esta sección contiene frases
importantes que pueden
resultar útiles en varias
situaciones de la vida real.
La Guía le ayudará a pedir
direcciones, aclaración
sobre precio, comprar billetes,
y pedir alimentos en un
restaurante

T&P Books Publishing

# CONTENIDO DE LA GUÍA DE CONVERSACIÓN

T&P Books Publishing

| | |
|---|---|
| Perdone, … | **Ursäkta mig, …**<br>[ʉːˈʂɛkta mɛj, …] |
| Hola. | **Hej**<br>[hɛj] |
| Gracias. | **Tack**<br>[tak] |

| | |
|---|---|
| Sí. | **Ja**<br>[ja] |
| No. | **Nej**<br>[nɛj] |
| No lo sé. | **Jag vet inte.**<br>[ja vet ˈintə] |
| ¿Dónde? \| ¿A dónde? \| ¿Cuándo? | **Var? I Vart? I När?**<br>[var? \| vaːʈ? \| nɛr?] |

| | |
|---|---|
| Necesito … | **Jag behöver …**<br>[ja beˈhøvər …] |
| Quiero … | **Jag vill …**<br>[ja vilʲ …] |
| ¿Tiene …? | **Har du …?**<br>[har dʉː …?] |
| ¿Hay … por aquí? | **Finns det … här?**<br>[fins dɛ … hæːr?] |
| ¿Puedo …? | **Får jag … ?**<br>[for jaː …?] |
| …, por favor? (petición educada) | **…, tack**<br>[…, tak] |

| | |
|---|---|
| Busco … | **Jag letar efter …**<br>[ja ˈlʲetar ˈɛftər …] |
| el servicio | **en toalett**<br>[en tuaˈlʲet] |
| un cajero automático | **en uttagsautomat**<br>[en ʉːˈtaːgs autoˈmat] |
| una farmacia | **ett apotek**<br>[et apʊˈtek] |
| el hospital | **ett sjukhus**<br>[et ˈɧʉːkhʉs] |

| | |
|---|---|
| la comisaría | **en polisstation**<br>[en poˈlis staˈɧʉːn] |
| el metro | **tunnelbanan**<br>[ˈtʉnəlʲ ˈbaːnan] |

| | |
|---|---|
| un taxi | **en taxi**<br>[en 'taksi] |
| la estación de tren | **en tågstation**<br>[en 'to:g sta'ʃu:n] |

| | |
|---|---|
| Me llamo … | **Jag heter ...**<br>[ja 'hetər ...] |
| ¿Cómo se llama? | **Vad heter du?**<br>[vad 'hetər dʉ:?] |
| ¿Puede ayudarme, por favor? | **Skulle du kunna hjälpa mig?**<br>['skʉlje dʉ: 'kuna 'jɛljpa mɛj?] |
| Tengo un problema. | **Jag har ett problem.**<br>[ja har et prɔ'bljem] |
| Me encuentro mal. | **Jag mår inte bra.**<br>[ja mor 'intə bra:] |
| ¡Llame a una ambulancia! | **Ring efter en ambulans!**<br>['riŋ 'ɛftər en ambʉ'ljans!] |
| ¿Puedo llamar, por favor? | **Får jag ringa ett samtal?**<br>[for ja 'riŋa et 'sa:mtalj?] |

| | |
|---|---|
| Lo siento. | **Jag är ledsen.**<br>[ja ær 'ljesən] |
| De nada. | **Ingen orsak.**<br>['iŋen 'u:ʂak] |

| | |
|---|---|
| Yo | **Jag, mig**<br>[ja, mɛj] |
| tú | **du**<br>[dʉ] |
| él | **han**<br>[han] |
| ella | **hon**<br>[hon] |
| ellos | **de:**<br>[de:] |
| ellas | **de:**<br>[de:] |
| nosotros /nosotras/ | **vi**<br>[vi:] |
| ustedes, vosotros | **ni**<br>[ni] |
| usted | **du, Ni**<br>[dʉ:, ni:] |

| | |
|---|---|
| ENTRADA | **INGÅNG**<br>['iŋo:ŋ] |
| SALIDA | **UTGÅNG**<br>['ʉtgo:ŋ] |
| FUERA DE SERVICIO | **UR FUNKTION**<br>[ʉ:r fʉnk'ʃu:n] |
| CERRADO | **STÄNGT**<br>['stɛŋt] |

| ABIERTO | **ÖPPET**<br>['øpet] |
| PARA SEÑORAS | **FÖR KVINNOR**<br>[før 'kvinor] |
| PARA CABALLEROS | **FÖR MÄN**<br>[før mɛn] |

## Preguntas

¿Dónde?

**Var?**
[var?]

¿A dónde?

**Vart?**
[vaːʈ?]

¿De dónde?

**Varifrån?**
['varifron?]

¿Por qué?

**Varför?**
['vaːføːr?]

¿Con que razón?

**Av vilken anledning?**
[aːv 'vilʲkən an'lʲedniŋ?]

¿Cuándo?

**När?**
[nɛr?]

¿Cuánto tiempo?

**Hur länge?**
[hʉː 'lʲɛŋə?]

¿A qué hora?

**Vilken tid?**
['vilʲkən tid?]

¿Cuánto?

**Hur länge?**
[hʉː 'lʲɛŋə?]

¿Tiene ...?

**Har du ...?**
[har dʉː ...?]

¿Dónde está ...?

**Var finns ...?**
[var fins ...?]

¿Qué hora es?

**Vad är klockan?**
[vad ær 'klʲokan?]

¿Puedo llamar, por favor?

**Får jag ringa ett samtal?**
[for ja 'riŋa et 'saːmtalʲ?]

¿Quién es?

**Vem är det?**
[vem ær dɛ?]

¿Se puede fumar aquí?

**Får jag röka här?**
[for ja 'røka hæːr?]

¿Puedo ...?

**Får jag ...?**
[for jaː ...?]

## Necesidades

| | |
|---|---|
| Quisiera … | **Jag skulle vilja …**<br>[ja 'skɵlʲe 'vilja …] |
| No quiero … | **Jag vill inte …**<br>[ja vilʲ 'intə …] |
| Tengo sed. | **Jag är törstig.**<br>[ja ær 'tøːʂtig] |
| Tengo sueño. | **Jag vill sova.**<br>[ja vilʲ 'soːva] |

| | |
|---|---|
| Quiero … | **Jag vill …**<br>[ja vilʲ …] |
| lavarme | **tvätta mig**<br>['tvɛta mɛj] |
| cepillarme los dientes | **borsta tänderna**<br>['boːʂta 'tɛndeɳa] |
| descansar un momento | **vila en stund**<br>['vilʲa en stund] |
| cambiarme de ropa | **att byta kläder**<br>[at 'byta 'klʲɛːdər] |

| | |
|---|---|
| volver al hotel | **gå tillbaka till hotellet**<br>['go tilʲ'baka tilʲ ho'telʲet] |
| comprar … | **köpa …**<br>['ɕøpa …] |
| ir a … | **ta mig till …**<br>[ta mɛj tilʲ …] |
| visitar … | **besöka …**<br>[be'søka …] |
| quedar con … | **träffa …**<br>['trɛfa …] |
| hacer una llamada | **ringa ett samtal**<br>['riŋa et 'samtalʲ] |

| | |
|---|---|
| Estoy cansado /cansada/. | **Jag är trött.**<br>[ja ær trøt] |
| Estamos cansados /cansadas/. | **Vi är trötta.**<br>[vi: ær 'trøta] |
| Tengo frío. | **Jag fryser.**<br>[ja 'frysər] |
| Tengo calor. | **Jag är varm.**<br>[ja ær varm] |
| Estoy bien. | **Jag är okej.**<br>[ja ær ɔ'kej] |

| | |
|---|---|
| Tengo que hacer una llamada. | **Jag behöver ringa ett samtal.**<br>[ja be'høvər 'riŋa et 'samtalʲ] |
| Necesito ir al servicio. | **Jag behöver gå på toaletten.**<br>[ja be'høvər go po tua'lʲetən] |
| Me tengo que ir. | **Jag måste ge mig av.**<br>[ja 'mostə je mɛj av] |
| Me tengo que ir ahora. | **Jag måste ge mig av nu.**<br>[ja 'mostə je mɛj av nɵː] |

## Preguntar por direcciones

| | |
|---|---|
| Perdone, … | **Ursäkta mig, …**<br>[ʉːˈʂɛkta mɛj, …] |
| ¿Dónde está …? | **Var finns …?**<br>[var fins …?] |
| ¿Por dónde está …? | **Åt vilket håll ligger …?**<br>[ot ˈvilˈket holʲ ˈligər …?] |
| ¿Puede ayudarme, por favor? | **Skulle du kunna hjälpa mig?**<br>[ˈskʉlʲe dʉː ˈkuna ˈjɛlʲpa mɛj?] |
| Busco … | **Jag letar efter …**<br>[ja ˈlʲetar ˈɛftər …] |
| Busco la salida. | **Jag letar efter utgången.**<br>[ja ˈlʲetar ˈɛftər ˈʉtgoːŋən] |
| Voy a … | **Jag ska till …**<br>[ja ska tilʲ …] |
| ¿Voy bien por aquí para …? | **Är jag på rätt väg till …?**<br>[ɛr ja po rɛt vɛg tilʲ …?] |
| ¿Está lejos? | **Är det långt?**<br>[ɛr dɛ ˈlʲoːŋt?] |
| ¿Puedo llegar a pie? | **Kan jag ta mig dit till fots?**<br>[kan ja ta mɛj dit tilʲ ˈfots?] |
| ¿Puede mostrarme en el mapa? | **Kan du visa mig på kartan?**<br>[kan dʉː ˈviːsa mɛj po ˈkaːʈan?] |
| Por favor muestreme dónde estamos. | **Kan du visa mig var vi är nu.**<br>[kan dʉː ˈviːsa mɛj var vi ær nʉː] |
| Aquí | **Här**<br>[hæːr] |
| Allí | **Där**<br>[dɛr] |
| Por aquí | **Den här vägen**<br>[den hæːr ˈvɛgən] |
| Gire a la derecha. | **Sväng höger.**<br>[ˈsvɛŋ ˈhøgər] |
| Gire a la izquierda. | **Sväng vänster.**<br>[ˈsvɛŋ ˈvɛnstər] |
| la primera (segunda, tercera) calle | **första (andra, tredje) sväng**<br>[ˈføːʂta (ˈandra, ˈtreːdje) svɛŋ] |
| a la derecha | **till höger**<br>[tilʲ ˈhøgər] |

a la izquierda

**till vänster**
[tilʲ ˈvɛnstər]

Siga recto.

**Gå rakt fram.**
[ˈgo rakt fram]

## Carteles

¡BIENVENIDO!      **VÄLKOMMEN!**
['vɛlʲkomən!]

ENTRADA      **INGÅNG**
['iŋoːŋ]

SALIDA      **UTGÅNG**
['ʊtgoːŋ]

EMPUJAR      **TRYCK**
[trʏk]

TIRAR      **DRA**
[draː]

ABIERTO      **ÖPPET**
['øpet]

CERRADO      **STÄNGT**
['stɛŋt]

PARA SEÑORAS      **FÖR KVINNOR**
[før 'kvinor]

PARA CABALLEROS      **FÖR MÄN**
[før mɛn]

CABALLEROS      **HERRAR**
['hɛrrar]

SEÑORAS      **DAMER**
['damər]

REBAJAS      **RABATT**
[ra'bat]

VENTA      **REA**
['rea]

GRATIS      **GRATIS**
['gratis]

¡NUEVO!      **NYHET!**
['nyhet!]

ATENCIÓN      **VARNING!**
['varniŋ!]

COMPLETO      **FULLBOKAT**
[fulʲ'bokat]

RESERVADO      **RESERVERAT**
[resɛr'verat]

ADMINISTRACIÓN      **DIREKTÖR**
[direk'tør]

SÓLO PERSONAL AUTORIZADO      **ENDAST PERSONAL**
['ɛndast pɛːʂo'nalʲ]

CUIDADO CON EL PERRO

**VARNING FÖR HUNDEN!**
['varniŋ før 'hʉndən!]

NO FUMAR

**RÖKNING FÖRBJUDET!**
['røkniŋ før'bjʉ:det!]

NO TOCAR

**RÖR EJ!**
[rør ɛj!]

PELIGROSO

**FARLIGT**
['fa:ʅigt]

PELIGRO

**FARA**
['fa:ra]

ALTA TENSIÓN

**HÖGSPÄNNING**
['høgspɛniŋ]

PROHIBIDO BAÑARSE

**BAD FÖRBJUDET!**
[bad før'bjʉ:det!]

FUERA DE SERVICIO

**UR FUNKTION**
[ʉ:r fʉnk'ɧu:n]

INFLAMABLE

**BRANDFARLIGT**
['brand 'fa:ʅigt]

PROHIBIDO

**FÖRBJUDET**
[før'bjʉ:det]

PROHIBIDO EL PASO

**TILLTRÄDE FÖRBJUDET!**
[til'trɛdə før'bjʉ:det!]

RECIÉN PINTADO

**NYMÅLAT**
['nymoʅat]

CERRADO POR RENOVACIÓN

**STÄNGT FÖR RENOVERING**
['stɛŋt før reno'veriŋ]

EN OBRAS

**VÄGARBETE**
['vɛ:g ar'betə]

DESVÍO

**OMLEDNINGSVÄG**
[ɔ:m'ʅedniŋs vɛg]

## Transporte. Frases generales

| | |
|---|---|
| el avión | **plan**<br>[plʲan] |
| el tren | **tåg**<br>[toːg] |
| el bus | **buss**<br>[bus] |
| el ferry | **färja**<br>['fæːrja] |
| el taxi | **taxi**<br>['taksi] |
| el coche | **bil**<br>[bilʲ] |
| el horario | **tidtabell**<br>['tid taˈbɛlʲ] |
| ¿Dónde puedo ver el horario? | **Var kan jag se tidtabellen?**<br>[var kan ja se tidːtaˈbɛlʲen?] |
| días laborables | **vardagar**<br>[vaːrˈdaːgar] |
| fines de semana | **helger**<br>['heljer] |
| días festivos | **helgdagar**<br>['heljˈdaːgar] |
| SALIDA | **AVGÅNGAR**<br>['avgoːŋar] |
| LLEGADA | **ANKOMSTER**<br>['ankomstər] |
| RETRASADO | **FÖRSENAD**<br>[føːˈʂenad] |
| CANCELADO | **INSTÄLLD**<br>['instɛlʲd] |
| siguiente (tren, etc.) | **nästa**<br>['nɛsta] |
| primero | **första**<br>['føːʂta] |
| último | **sista**<br>['sista] |
| ¿Cuándo pasa el siguiente …? | **När går nästa …?**<br>[nɛr goːr 'nɛsta …?] |
| ¿Cuándo pasa el primer …? | **När går första …?**<br>[nɛr goːr 'føːʂta …?] |

¿Cuándo pasa el último …?

**När går sista ...?**
[nɛr goːr 'sista ...?]

el trasbordo (cambio de trenes, etc.)

**byte**
['byte]

hacer un trasbordo

**att göra ett byte**
[at 'jøra et 'bytə]

¿Tengo que hacer un trasbordo?

**Behöver jag byta?**
[be'høvər ja 'byta?]

## Comprar billetes

¿Dónde puedo comprar un billete? **Var kan jag köpa biljetter?**
[var kan ja 'çøpa bi'lʲetər?]

el billete **biljett**
[bi'lʲet]

comprar un billete **att köpa en biljett**
[at 'çøpa en bi'lʲet]

precio del billete **biljettpris**
[bi'lʲet pris]

¿Para dónde? **Vart?**
[vaːʈ?]

¿A qué estación? **Till vilken station?**
[tilʲ 'vilʲkən sta'ɧuːn?]

Necesito … **Jag behöver ...**
[ja be'høvər ...]

un billete **en biljett**
[en bi'lʲet]

dos billetes **två biljetter**
[tvoː bi'lʲetər]

tres billetes **tre biljetter**
[tre bi'lʲetər]

sólo ida **enkel**
['ɛnkəlʲ]

ida y vuelta **tur och retur**
['tʉːr ɔ re'tʉːr]

en primera (primera clase) **första klass**
['føːʂta klʲas]

en segunda (segunda clase) **andra klass**
['andra klʲas]

hoy **idag**
[idaːg]

mañana **imorgon**
[i'mɔrgɔn]

pasado mañana **i övermorgon**
[i 'øːvəˌmɔrgɔn]

por la mañana **på morgonen**
[pɔ 'mɔrgɔnən]

por la tarde **på eftermiddagen**
[pɔ 'ɛftə mid'dagən]

por la noche **på kvällen**
[pɔ 'kvɛlʲen]

| | |
|---|---|
| asiento de pasillo | **gångplats**<br>[goːŋ plʲats] |
| asiento de ventanilla | **fönsterplats**<br>['fønstə plʲats] |
| ¿Cuánto cuesta? | **Hur mycket?**<br>[huː 'mʏke?] |
| ¿Puedo pagar con tarjeta? | **Kan jag betala med kreditkort?**<br>[kan ja be'talʲa me kre'dit koːʈ?] |

## Autobús

| | |
|---|---|
| el autobús | **buss**<br>[bus] |
| el autobús interurbano | **långfärdsbuss**<br>['lʲɔɳfɛrds‚bus] |
| la parada de autobús | **busshållplats**<br>['bus 'holʲplʲats] |
| ¿Dónde está la parada<br>de autobuses más cercana? | **Var finns närmsta busshållplats?**<br>[var fins 'nɛrmsta 'bus 'holʲplʲats?] |
| número | **nummer**<br>['numər] |
| ¿Qué autobús tengo que tomar para ...? | **Vilken buss kan jag ta till ...?**<br>['vilʲkən bus kan ja ta tilʲ ...?] |
| ¿Este autobús va a ...? | **Går den här bussen till ...?**<br>[goːr den hæːr 'busən tilʲ ...?] |
| ¿Cada cuanto pasa el autobús? | **Hur ofta går bussarna?**<br>[hʉ: 'ofta goːr 'busarna?] |
| cada 15 minutos | **var femtonde minut**<br>[var 'femtondə mi'nʉ:t] |
| cada media hora | **varje halvtimme**<br>['varje 'halʲv‚timə] |
| cada hora | **en gång i timmen**<br>[en goːŋ i 'timən] |
| varias veces al día | **flera gånger om dagen**<br>['flʲera 'goːŋər om 'dagən] |
| ... veces al día | **... gånger om dagen**<br>[... 'goːŋər om 'dagən] |
| el horario | **tidtabell**<br>['tid ta'bɛlʲ] |
| ¿Dónde puedo ver el horario? | **Var kan jag se tidtabellen?**<br>[var kan ja se tid ta'bɛlʲen?] |
| ¿Cuándo pasa el siguiente autobús? | **När går nästa buss?**<br>[nɛr goːr 'nɛsta bus?] |
| ¿Cuándo pasa el primer autobús? | **När går första bussen?**<br>[nɛr goːr 'føːʂta 'busən?] |
| ¿Cuándo pasa el último autobús? | **När går sista bussen?**<br>[nɛr goːr 'sista 'busən?] |
| la parada | **hållplats**<br>['holʲ‚plʲats] |
| la siguiente parada | **nästa hållplats**<br>['nɛsta 'holʲplʲats] |

la última parada

**sista hållplatsen**
['sista 'holˑplˑatsən]

Pare aquí, por favor.

**Vill du vara snäll och stanna här, tack.**
[vilˑ duː 'vaːra snɛlˑ o 'stana hæːr, tak]

Perdone, esta es mi parada.

**Ursäkta mig, detta är min hållplats.**
[uː'sɛkta mɛj, 'deta ær min 'holˑplˑats]

# Tren

| | |
|---|---|
| el tren | **tåg**<br>[to:g] |
| el tren de cercanías | **lokaltåg**<br>[lʲoˈkalʲ toːg] |
| el tren de larga distancia | **fjärrtåg**<br>[ˈfʲæɾˌtoːg] |
| la estación de tren | **tågstation**<br>['toːg staˈɧuːn] |
| Perdone, ¿dónde está<br>la salida al anden? | **Ursäkta mig, var är utgången**<br>**till perrongen?**<br>[ʉːˈʂɛkta mɛj, var ær ˈʉtgoːŋən<br>tilʲ peˈroŋən?] |

| | |
|---|---|
| ¿Este tren va a ...? | **Går det här tåget till ...?**<br>[goːr dɛ hæːr ˈtoːget tilʲ ...?] |
| el siguiente tren | **nästa tåg**<br>['nɛsta toːg] |
| ¿Cuándo pasa el siguiente tren? | **När går nästa tåg?**<br>[nɛr goːr ˈnɛsta toːg?] |
| ¿Dónde puedo ver el horario? | **Var kan jag se tidtabellen?**<br>[var kan ja se tid tabɛlʲen?] |
| ¿De qué andén? | **Från vilken perrong?**<br>[fron ˈvilʲkən peˈroŋ?] |
| ¿Cuándo llega el tren a ...? | **När ankommer tåget till ...?**<br>[nɛr ˈankomer ˈtoːget tilʲ ...?] |

| | |
|---|---|
| Ayudeme, por favor. | **Snälla hjälp mig.**<br>['snɛlʲa jɛlʲp mɛj] |
| Busco mi asiento. | **Jag letar efter min plats.**<br>[ja ˈlʲetar ˈɛftər min plʲats] |
| Buscamos nuestros asientos. | **Vi letar efter våra platser.**<br>[vi ˈlʲetar ˈɛftə ˈvoːra ˈplʲatsər] |

| | |
|---|---|
| Mi asiento está ocupado. | **Min plats är upptagen.**<br>[min plʲats ær upˈtaːgen] |
| Nuestros asientos están ocupados. | **Våra platser är upptagna.**<br>['voːra ˈplʲatsər ær upˈtagna] |
| Perdone, pero ese es mi asiento. | **Jag är ledsen, men det här**<br>**är min plats.**<br>[ja ær ˈlʲesən, men dɛ hæːr<br>ær min plʲats] |

¿Está libre?

**Är den här platsen upptagen?**
[ɛr den hæːr 'plʲatsən up'taːɡən?]

¿Puedo sentarme aquí?

**Kan jag sitta här?**
[kan ja 'sita hæːr?]

## En el tren. Diálogo (Sin billete)

| | |
|---|---|
| Su billete, por favor. | **Biljetten, tack.**<br>[bi'l<sup></sup>etən, tak] |
| No tengo billete. | **Jag har ingen biljett.**<br>[ja har 'iŋen bi'l<sup></sup>et] |
| He perdido mi billete. | **Jag har förlorat min biljett.**<br>[ja har føːʈorat min bi'l<sup></sup>et] |
| He olvidado mi billete en casa. | **Jag har glömt min biljett hemma.**<br>[ja har 'gl<sup></sup>ømt min bi'l<sup></sup>et 'hɛma] |
| Le puedo vender un billete. | **Du kan köpa biljett av mig.**<br>[dʉː kan 'ɕøpa bi'l<sup></sup>et av mɛj] |
| También deberá pagar una multa. | **Du kommer också behöva betala böter.**<br>[dʉː 'komər 'ukso be'høva be'tal<sup></sup>a 'bøtər] |
| Vale. | **Okej.**<br>[ɔ'kej] |
| ¿A dónde va usted? | **Vart ska du?**<br>[vaːʈ skaː dʉː?] |
| Voy a ... | **Jag ska till ...**<br>[ja ska til<sup></sup> ...] |
| ¿Cuánto es? No lo entiendo. | **Hur mycket? Jag förstår inte.**<br>[hʉː 'mʏke? ja føːʂtoːr 'intə] |
| Escríbalo, por favor. | **Vill du skriva det.**<br>[vil<sup></sup> dʉː 'skriːva dɛ] |
| Vale. ¿Puedo pagar con tarjeta? | **Bra. Kan jag betala med kreditkort?**<br>[braː. kan ja be'tal<sup></sup>a me kre'dit koːʈ?] |
| Sí, puede. | **Ja, det kan du.**<br>[ja, dɛ kan dʉ] |
| Aquí está su recibo. | **Här är ert kvitto.**<br>[hæːr ær eːʈ 'kvito] |
| Disculpe por la multa. | **Jag beklagar bötesavgiften.**<br>[ja be'kl<sup></sup>agar bøtesav 'jiftən] |
| No pasa nada. Fue culpa mía. | **Det är okej. Det var mitt fel.**<br>[deː ær ɔ'kej. dɛ var mit fel<sup></sup>] |
| Disfrute su viaje. | **Ha en trevlig resa.**<br>[ha en 'trɛvlig 'resa] |

# Taxi

| | |
|---|---|
| taxi | **taxi**<br>['taksi] |
| taxista | **taxichaufför**<br>['taksi ʂo'fø:r] |
| coger un taxi | **att ta en taxi**<br>[at ta en 'taksi] |
| parada de taxis | **taxistation**<br>['taksi sta'ʃu:n] |
| ¿Dónde puedo coger un taxi? | **Var kan jag få tag på en taxi?**<br>[var kan ja fo tag pɔ en 'taksi?] |
| llamar a un taxi | **att ringa en taxi**<br>[at 'riŋa en 'taksi] |
| Necesito un taxi. | **Jag behöver en taxi.**<br>[ja be'høvər en 'taksi] |
| Ahora mismo. | **Omedelbart.**<br>[u'medelʲba:t] |
| ¿Cuál es su dirección? | **Vad har du för adress?**<br>[vad har dʉ: før a'drɛs?] |
| Mi dirección es … | **Min adress är …**<br>[min a'drɛs ær …] |
| ¿Cuál es el destino? | **Vart ska du åka?**<br>[va:ʈ ska: dʉ: oka?] |
| Perdone, … | **Ursäkta mig, …**<br>[ʉ:'ʂɛkta mɛj, …] |
| ¿Está libre? | **Är du ledig?**<br>[ɛr dʉ: 'lʲe:dig?] |
| ¿Cuánto cuesta ir a …? | **Vad kostar det att åka till …?**<br>[vad 'kostar dɛ at 'o:ka tilʲ …?] |
| ¿Sabe usted dónde está? | **Vet du var det ligger?**<br>[vet dʉ: var dɛ 'ligər?] |
| Al aeropuerto, por favor. | **Till flygplatsen, tack.**<br>[tilʲ 'flʲyg 'plʲatsən, tak] |
| Pare aquí, por favor. | **Kan du stanna här, tack.**<br>[kan dʉ: 'stana hæːr, tak] |
| No es aquí. | **Det är inte här.**<br>[de: ær 'intə hɛr] |
| La dirección no es correcta. | **Det här är fel adress.**<br>[de: hæːr ær felʲ ad'rɛs] |
| Gire a la izquierda. | **Sväng vänster.**<br>['svɛŋ 'vɛnstər] |
| Gire a la derecha. | **Sväng höger.**<br>['svɛŋ 'høgər] |

¿Cuánto le debo?

**Hur mycket är jag skyldig?**
[hʉː 'mʏke ær ja 'ɧʏlʲdig?]

¿Me da un recibo, por favor?

**Jag skulle vilja ha ett kvitto, tack.**
[ja 'skʉlʲe 'vilja ha et 'kvito, tak]

Quédese con el cambio.

**Behåll växeln.**
[beˈholʲ 'vɛkselʲn]

---

Espéreme, por favor.

**Vill du vara vänlig och vänta på mig?**
[vilʲ dʉː 'vaːra 'vɛnlig o vɛnta pɔ mɛj?]

cinco minutos

**fem minuter**
[fem miˈnʉːtər]

diez minutos

**tio minuter**
['tiːo miˈnʉːtər]

quince minutos

**femton minuter**
['femtɔn miˈnʉːtər]

veinte minutos

**tjugo minuter**
['ɕʉːgo miˈnʉːter]

media hora

**en halvtimme**
[en 'halʲv'timə]

# Hotel

| | |
|---|---|
| Hola. | **Hej**<br>[hɛj] |
| Me llamo … | **Jag heter ...**<br>[ja 'hetər ...] |
| Tengo una reserva. | **Jag har bokat.**<br>[ja har 'bokat] |
| Necesito … | **Jag behöver ...**<br>[ja be'høvər ...] |
| una habitación individual | **ett enkelrum**<br>[et 'ɛnkəlʲ ruːm] |
| una habitación doble | **ett dubbelrum**<br>[et 'dubəlʲ ruːm] |
| ¿Cuánto cuesta? | **Hur mycket kostar det?**<br>[hʉː 'mʏke 'kostar dɛ?] |
| Es un poco caro. | **Det är lite dyrt.**<br>[deː ær 'lʲitə dyːʈ] |
| ¿Tiene alguna más? | **Har du några andra alternativ?**<br>[har dʉː 'nogra 'andra alʲterna'tiv?] |
| Me quedo. | **Jag tar det.**<br>[ja tar dɛ] |
| Pagaré en efectivo. | **Jag betalar kontant.**<br>[ja be'talʲar kon'tant] |
| Tengo un problema. | **Jag har ett problem.**<br>[ja har et prɔ'blʲem] |
| Mi … no funciona. | **... är trasig.**<br>[... ær 'trasig] |
| Mi … está fuera de servicio. | **... fungerar inte.**<br>[... fʉ'ŋerar 'intə] |
| televisión | **min TV**<br>[min 'teve] |
| aire acondicionado | **min luftkonditionering**<br>[min 'lʲʉft kondiɲu'nɛriŋ] |
| grifo | **min kran**<br>[min kran] |
| ducha | **min dusch**<br>[min dʉʂ] |
| lavabo | **mitt handfat**<br>[mit 'handfaːt] |
| caja fuerte | **mitt kassaskåp**<br>[mit 'kasaˌskoːp] |

| | |
|---|---|
| cerradura | **mitt dörrlås**<br>[mit 'dørlʲos] |
| enchufe | **mitt eluttag**<br>[mit ɛlʲ'ʉ:tag] |
| secador de pelo | **min hårtork**<br>[min 'ho:ʈork] |

| | |
|---|---|
| No tengo … | **Jag har …**<br>[ja har …] |
| agua | **inget vatten**<br>['iŋet 'vatən] |
| luz | **inget ljus**<br>['iŋet jʉ:s] |
| electricidad | **ingen elektricitet**<br>[iŋen ɛlʲektrisi'tet] |

| | |
|---|---|
| ¿Me puede dar …? | **Skulle du kunna ge mig …?**<br>['skʉlʲe dʉ: 'kuna je mɛj …?] |
| una toalla | **en handduk**<br>[en 'haŋdʉ:k] |
| una sábana | **en filt**<br>[en filʲt] |
| unas chanclas | **tofflor**<br>['toflʲor] |
| un albornoz | **en badrock**<br>[en 'badrok] |
| un champú | **schampo**<br>['ʂampo] |
| jabón | **tvål**<br>[tvo:lʲ] |

| | |
|---|---|
| Quisiera cambiar de habitación. | **Jag skulle vilja byta rum.**<br>[ja 'skʉlʲe 'vilja 'by:ta ru:m] |
| No puedo encontrar mi llave. | **Jag hittar inte min nyckel.**<br>[ja 'hitar 'inte min 'nʏkəlʲ] |
| Por favor abra mi habitación. | **Skulle du kunna öppna mitt rum, tack?**<br>['skʉlʲe dʉ: 'kuna 'øpna mit rum, tak?] |
| ¿Quién es? | **Vem är det?**<br>[vem ær dɛ?] |
| ¡Entre! | **Kom in!**<br>[kom 'in!] |
| ¡Un momento! | **Ett ögonblick!**<br>[et 'ø:gɔnblik!] |

| | |
|---|---|
| Ahora no, por favor. | **Inte just nu, tack.**<br>['intə jʉst nʉ:, tak] |
| Venga a mi habitación, por favor. | **Kom till mitt rum, tack.**<br>[kom tilʲ mit ru:m, tak] |

| | |
|---|---|
| Quisiera hacer un pedido. | **Jag skulle vilja beställa mat via rumsservice.**<br>[ja 'skɵlʲe 'vilja be'stɛlʲa mat via 'ruːmsøːvis] |
| Mi número de habitación es … | **Mitt rumsnummer är …**<br>[mit 'ruːmsˈnɵmer ær …] |
| Me voy … | **Jag reser …**<br>[ja 'reːsər …] |
| Nos vamos … | **Vi reser …**<br>[viː 'reːsər …] |
| Ahora mismo | **just nu**<br>['jɵst nɵː] |
| esta tarde | **i eftermiddag**<br>[i 'ɛftə midˈdaːg] |
| esta noche | **ikväll**<br>[iːkvɛlʲ] |
| mañana | **imorgon**<br>[iˈmɔrgɔn] |
| mañana por la mañana | **imorgon på morgonen**<br>[iˈmɔrgɔn pɔ 'mɔrgɔnən] |
| mañana por la noche | **imorgon på kvällen**<br>[iˈmɔrgɔn pɔ 'kvɛlʲen] |
| pasado mañana | **i övermorgon**<br>[i 'øːvəˌmɔrgɔn] |
| Quisiera pagar la cuenta. | **Jag skulle vilja betala.**<br>[ja 'skɵlʲe 'vilja be'taːlʲa] |
| Todo ha estado estupendo. | **Allt var fantastiskt.**<br>[alʲt var fan'tastiskt] |
| ¿Dónde puedo coger un taxi? | **Var kan jag få tag på en taxi?**<br>[var kan ja fo tag pɔ en 'taksi?] |
| ¿Puede llamarme un taxi, por favor? | **Skulle du vilja vara snäll och ringa en taxi åt mig?**<br>['skɵlʲe dɵː vilja 'vaːra snɛlʲ o 'riŋa en 'taksi ot mɛj?] |

## Restaurante

| | |
|---|---|
| ¿Puedo ver el menú, por favor? | **Kan jag få se menyn, tack?**<br>[kan ja fo se me'nyn, tak?] |
| Mesa para uno. | **Ett bord för en.**<br>[et bo:d før en] |
| Somos dos (tres, cuatro). | **Vi är två (tre, fyra) personer.**<br>[vi: ær tvo: (tre, 'fy:ra) pɛ:'ʂu:nər] |

| | |
|---|---|
| Para fumadores | **Rökare**<br>['røkarə] |
| Para no fumadores | **Icke rökare**<br>['ike røkarə] |
| ¡Por favor! (llamar al camarero) | **Ursäkta!**<br>[ʉ:'ʂɛkta!] |
| la carta | **meny**<br>[me'ny:] |
| la carta de vinos | **vinlista**<br>['vi:nlista] |
| La carta, por favor. | **Menyn, tack.**<br>[me'nyn, tak] |

| | |
|---|---|
| ¿Está listo para pedir? | **Är ni redo att beställa?**<br>[ɛr ni 'redo at be'stɛlˈa?] |
| ¿Qué quieren pedir? | **Vad önskar du?**<br>[vad 'ønskar dʉ:?] |
| Yo quiero … | **Jag tar ...**<br>[ja tar ...] |

| | |
|---|---|
| Soy vegetariano. | **Jag är vegetarian.**<br>[ja ær vegetari'a:n] |
| carne | **kött**<br>[çø:t] |
| pescado | **fisk**<br>['fisk] |
| verduras | **grönsaker**<br>['grøn'sakər] |
| ¿Tiene platos para vegetarianos? | **Har ni vegetariska rätter?**<br>[har ni vege'ta:riska 'rɛtər?] |
| No como cerdo. | **Jag äter inte kött.**<br>[ja 'ɛ:ter 'intə çøt] |
| Él /Ella/ no come carne. | **Han /hon/ äter inte kött.**<br>[han /hon/ 'ɛ:tər 'intə çøt] |
| Soy alérgico a … | **Jag är allergisk mot ...**<br>[ja ær a'lˈɛrgisk mut ...] |

¿Me puede traer …, por favor?

**Skulle du kunna ge mig …**
['skɵlʲe dɵː 'kuna je mɛj …]

sal | pimienta | azúcar

**salt I peppar I socker**
[salʲt | 'pepar | 'sokər]

café | té | postre

**kaffe I te I dessert**
['kafə | te | de'sɛːr]

agua | con gas | sin gas

**vatten I kolsyrat I icke kolsyrat**
['vaten | 'kɔlʲ'syːrat | 'ike 'kɔlʲ'syːrat]

una cuchara | un tenedor | un cuchillo

**en sked I gaffel I kniv**
[en ʃed | 'gafəlʲ | kniːv]

un plato | una servilleta

**en tallrik I servett**
[en 'talʲrik | ser'vet]

---

¡Buen provecho!

**Smaklig måltid!**
['smaklig 'molʲtid!]

Uno más, por favor.

**En /Ett/ … till tack.**
[en /et/ … tilʲ tak]

Estaba delicioso.

**Det var utsökt.**
[dɛ var 'ɵtsøkt]

---

la cuenta | el cambio | la propina

**nota I växel I dricks**
['noːta | 'vɛksəlʲ | driks]

La cuenta, por favor.

**Notan, tack.**
['noːtan, tak]

¿Puedo pagar con tarjeta?

**Kan jag betala med kreditkort?**
[kan ja be'talʲa me kre'dit koːʈ?]

Perdone, aquí hay un error.

**Jag beklagar, det är ett misstag här.**
[ja be'klʲagar, dɛ ær et 'mistag hæːr]

## De Compras

| | |
|---|---|
| ¿Puedo ayudarle? | **Kan jag hjälpa dig?**<br>[kan ja 'jɛlˈpa dɛj?] |
| ¿Tiene …? | **Har ni …?**<br>[har ni …?] |
| Busco … | **Jag letar efter …**<br>[ja 'lˈetar 'ɛftər …] |
| Necesito … | **Jag behöver …**<br>[ja beˈhøvər …] |
| Sólo estoy mirando. | **Jag tittar bara.**<br>[ja 'titar 'ba:ra] |
| Sólo estamos mirando. | **Vi tittar bara.**<br>[vi 'titar 'ba:ra] |
| Volveré más tarde. | **Jag kommer tillbaka senare.**<br>[ja 'komər tilˈbaka 'senarə] |
| Volveremos más tarde. | **Vi kommer tillbaka senare.**<br>[vi 'komer tilˈbaka 'senarə] |
| descuentos \| oferta | **rabatt I rea**<br>[ra'bat \| 're:a] |
| Por favor, enséñeme … | **Skulle du kunna visa mig …**<br>['skulˈe du: 'kuna 'vi:sa mɛj …] |
| ¿Me puede dar …, por favor? | **Skulle du kunna ge mig …**<br>['skulˈe du: 'kuna je mɛj …] |
| ¿Puedo probarmelo? | **Kan jag prova?**<br>[kan ja 'pru:va?] |
| Perdone, ¿dónde están los probadores? | **Ursäkta mig, var finns provrummen?**<br>[u:'ʂɛkta mɛj, var fins 'pruvˌrumən?] |
| ¿Qué color le gustaría? | **Vilken färg vill du ha?**<br>['vilˈkən 'fæ:rj vilˈ du: ha?] |
| la talla \| el largo | **storlek I längd**<br>['storlˈek \| lˈɛŋd] |
| ¿Cómo le queda? (¿Está bien?) | **Hur sitter den?**<br>[hu: 'sitər den?] |
| ¿Cuánto cuesta esto? | **Hur mycket kostar det?**<br>[hu: 'mʏke 'kostar dɛ?] |
| Es muy caro. | **Det är för dyrt.**<br>[de: ær før dy:t] |
| Me lo llevo. | **Jag tar den (det, dem).**<br>[ja tar den (dɛ, dem)] |
| Perdone, ¿dónde está la caja? | **Ursäkta mig, var betalar man?**<br>[u:'ʂɛkta mɛj, var be'talˈar man?] |

¿Pagará en efectivo o con tarjeta?

**Betalar du kontant eller med kreditkort?**
[be'talʲar dʉː kon'tant elʲe me kre'dit koːʈ?]

en efectivo | con tarjeta

**Kontant I med kreditkort**
[kon'tant | me kre'dit koːʈ]

¿Quiere el recibo?

**Vill du ha kvittot?**
[vilʲ dʉː haː 'kvitot?]

Sí, por favor.

**Ja, tack.**
[ja, tak]

No, gracias.

**Nej, det behövs inte.**
[nɛj, dɛ bɛhøvs 'inte]

Gracias. ¡Que tenga un buen día!

**Tack. Ha en bra dag!**
[tak. ha en braː dag!]

# En la ciudad

| | |
|---|---|
| Perdone, por favor. | **Ursäkta mig.**<br>[ʉ:'ʂɛkta mɛj] |
| Busco … | **Jag letar efter …**<br>[ja 'lʲetar 'ɛftər …] |
| el metro | **tunnelbanan**<br>['tʉnəlʲ 'ba:nan] |
| mi hotel | **mitt hotell**<br>[mit ho'telʲ] |

| | |
|---|---|
| el cine | **biografen**<br>[bio'grafən] |
| una parada de taxis | **en taxistation**<br>[en 'taksi sta'ʃu:n] |
| un cajero automático | **en uttagsautomat**<br>[en ʉ:'ta:gs auto'mat] |
| una oficina de cambio | **ett växlingskontor**<br>[et 'vɛkslɪŋs kon'tu:r] |

| | |
|---|---|
| un cibercafé | **ett internetkafé**<br>[et 'internet ka'fe] |
| la calle … | **… gatan**<br>[… 'gatan] |
| este lugar | **den här platsen**<br>[den hæ:r 'plʲatsən] |

| | |
|---|---|
| ¿Sabe usted dónde está …? | **Vet du var … ligger?**<br>[vet dʉ: var … 'lɪgər?] |
| ¿Cómo se llama esta calle? | **Vilken gata är det här?**<br>['vilʲken gata ær dɛ hæ:r?] |
| Muestreme dónde estamos ahora. | **Kan du visa mig var vi är nu.**<br>[kan dʉ: 'vi:sa mɛj var vi ær nʉ:] |
| ¿Puedo llegar a pie? | **Kan jag ta mig dit till fots?**<br>[kan ja ta mɛj dit tilʲ 'fots?] |
| ¿Tiene un mapa de la ciudad? | **Har ni en karta över stan?**<br>[har ni en 'ka:ʈa ø:ver stan?] |

| | |
|---|---|
| ¿Cuánto cuesta la entrada? | **Hur mycket kostar inträdet?**<br>[hʉ: 'mʏke 'kostar intrɛdet?] |
| ¿Se pueden hacer fotos aquí? | **Får jag fotografera här?**<br>[for ja fʊtʊgra'fera hæ:r?] |
| ¿Está abierto? | **Har ni öppet?**<br>[har ni øpet?] |

| | |
|---|---|
| ¿A qué hora abren? | **När öppnar ni?**<br>[nɛr øpnar ni?] |
| ¿A qué hora cierran? | **När stänger ni?**<br>[nɛr ˈstɛŋər ni?] |

## Dinero

| | |
|---|---|
| dinero | **pengar**<br>['penjar] |
| efectivo | **kontanter**<br>[kon'tantər] |
| billetes | **sedlar**<br>['sedlʲar] |
| monedas | **småpengar**<br>['smo:'penjar] |
| la cuenta \| el cambio \| la propina | **nota I växel I dricks**<br>['no:ta \| 'vɛksəlʲ \| driks] |
| la tarjeta de crédito | **kreditkort**<br>[kre'dit ko:t] |
| la cartera | **plånbok**<br>['plʲo:nbʊk] |
| comprar | **att köpa**<br>[at 'çøpa] |
| pagar | **att betala**<br>[at be'talʲa] |
| la multa | **böter**<br>['bøter] |
| gratis | **gratis**<br>['gratis] |
| ¿Dónde puedo comprar …? | **Var kan jag köpa ...?**<br>[var kan ja 'çøpa ...?] |
| ¿Está el banco abierto ahora? | **Är banken öppen nu?**<br>[ɛr 'bankøen 'øpen nɵ:?] |
| ¿A qué hora abre? | **När öppnar den?**<br>[nɛr øpnar dɛn?] |
| ¿A qué hora cierra? | **När stänger den?**<br>[nɛr 'stɛnjer den?] |
| ¿Cuánto cuesta? | **Hur mycket?**<br>[hɵ: 'mʏke?] |
| ¿Cuánto cuesta esto? | **Hur mycket kostar den här?**<br>[hɵ: 'mʏke 'kostar den hæ:r?] |
| Es muy caro. | **Det är för dyrt.**<br>[de: ær før dy:t] |
| Perdone, ¿dónde está la caja? | **Ursäkta mig, var betalar man?**<br>[ɵ:'sɛkta mɛj, var be'talʲar man?] |
| La cuenta, por favor. | **Notan, tack.**<br>['no:tan, tak] |

¿Puedo pagar con tarjeta? **Kan jag betala med kreditkort?**
[kan ja be'talˡa me kre'dit koːʈ?]

¿Hay un cajero por aquí? **Finns det en uttagsautomat här?**
[fins dɛ en 'ʉtags auto'mat hæːr?]

Busco un cajero automático. **Jag letar efter en uttagsautomat.**
[ja 'lˡetar 'ɛftər en ʉːˈtags auto'mat]

Busco una oficina de cambio. **Jag letar efter ett växlingskontor.**
[ja 'lˡetar 'ɛftər et 'vɛksliŋs kon'tuːr]

Quisiera cambiar … **Jag skulle vilja växla …**
[ja 'skʉlˡe 'vilja 'vɛkslˡa …]

¿Cuál es el tipo de cambio? **Vad är växlingskursen?**
[vad ær 'vɛksliŋs 'kʉːʂən?]

¿Necesita mi pasaporte? **Behöver du mitt pass?**
[be'høvər dʉː mit pas?]

## Tiempo

| | |
|---|---|
| ¿Qué hora es? | **Vad är klockan?**<br>[vad ær 'klˡokan?] |
| ¿Cuándo? | **När?**<br>[nɛr?] |
| ¿A qué hora? | **Vid vilken tid?**<br>[vid 'vilˡkən tid?] |
| ahora \| luego \| después de … | **nu I senare I efter ...**<br>[nʉ: \| 'senarə \| 'ɛftər ...] |
| la una | **klockan ett**<br>['klˡokan et] |
| la una y cuarto | **kvart över ett**<br>[kva:ʈ 'ø:vər et] |
| la una y medio | **halv två**<br>[halˡv tvo:] |
| las dos menos cuarto | **kvart i två**<br>[kva:ʈ i tvo:] |
| una \| dos \| tres | **ett I två I tre**<br>[et \| tvo: \| tre] |
| cuatro \| cinco \| seis | **fyra I fem I sex**<br>['fy:ra \| fem \| sɛks] |
| siete \| ocho \| nueve | **sju I åtta I nio**<br>[ɧʉ: \| 'ota \| 'ni:o] |
| diez \| once \| doce | **tio I elva I tolv**<br>['ti:o \| 'elˡva \| tolˡv] |
| en … | **om ...**<br>[om ...] |
| cinco minutos | **fem minuter**<br>[fem mi'nʉ:tər] |
| diez minutos | **tio minuter**<br>['ti:o mi'nʉ:tər] |
| quince minutos | **femton minuter**<br>['femton mi'nʉ:tər] |
| veinte minutos | **tjugo minuter**<br>['ɕʉ:go mi'nʉ:ter] |
| media hora | **en halvtimme**<br>[en 'halˡv'timə] |
| una hora | **en timme**<br>[en 'time] |
| por la mañana | **på morgonen**<br>[pɔ 'mɔrgɔnən] |

| | |
|---|---|
| por la mañana temprano | **tidigt på morgonen**<br>['tidit pɔ 'mɔrgɔnən] |
| esta mañana | **den här morgonen**<br>[den hæːr 'mɔrgɔnən] |
| mañana por la mañana | **imorgon på morgonen**<br>[i'mɔrgɔn pɔ 'mɔrgɔnən] |
| al mediodía | **mitt på dagen**<br>[mit pɔ 'dagən] |
| por la tarde | **på eftermiddagen**<br>[pɔ 'ɛftə mid'dagən] |
| por la noche | **på kvällen**<br>[pɔ 'kvɛlʲen] |
| esta noche | **ikväll**<br>[iːkvɛlʲ] |
| por la noche | **på natten**<br>[pɔ 'natən] |
| ayer | **i går**<br>[i goːr] |
| hoy | **idag**<br>[idaːg] |
| mañana | **imorgon**<br>[i'mɔrgɔn] |
| pasado mañana | **i övermorgon**<br>[i 'øːvəˌmɔrgɔn] |
| ¿Qué día es hoy? | **Vad är det för dag idag?**<br>[vad ær dɛ før daːg 'idaːg?] |
| Es ... | **Det är ...**<br>[deː ær ...] |
| lunes | **måndag**<br>['mɔndag] |
| martes | **tisdag**<br>['tiːsdag] |
| miércoles | **onsdag**<br>['onsdag] |
| jueves | **torsdag**<br>['toːʂdag] |
| viernes | **fredag**<br>['freːdag] |
| sábado | **lördag**<br>['lʲøːɖag] |
| domingo | **söndag**<br>['sœndag] |

## Saludos. Presentaciones.

Hola. | **Hej**
['hɛj]

Encantado /Encantada/ de conocerle. | **Trevligt att träffas.**
['trɛvligt at trɛfas]

Yo también. | **Detsamma.**
[de'sama]

Le presento a … | **Jag skulle vilja träffa …**
[ja 'skʉlʲe 'vilja 'trɛfa …]

Encantado. | **Trevligt att träffas.**
['trɛvligt at trɛfas]

¿Cómo está? | **Hur står det till?**
[hʉ: sto: dɛ tilʲ?]

Me llamo … | **Jag heter …**
[ja 'hetər …]

Se llama … | **Han heter …**
[han 'hetər …]

Se llama … | **Hon heter …**
[hon 'hetər …]

¿Cómo se llama (usted)? | **Vad heter du?**
[vad 'hetər dʉ:?]

¿Cómo se llama (él)? | **Vad heter han?**
[vad 'hetər han?]

¿Cómo se llama (ella)? | **Vad heter hon?**
[vad 'hetər hon?]

¿Cuál es su apellido? | **Vad heter du i efternamn?**
[vad 'hetər dʉ: i 'ɛftəˌnamn?]

Puede llamarme … | **Du kan kalla mig …**
[dʉ: kan 'kalʲa mɛj …]

¿De dónde es usted? | **Varifrån kommer du?**
['varifron 'komər dʉ:?]

Yo soy de …. | **Jag kommer från …**
[ja 'komər fron …]

¿A qué se dedica? | **Vad arbetar du med?**
[vad ar'betar dʉ: me:?]

¿Quién es? | **Vem är det här?**
[vem ær dɛ hæ:r?]

¿Quién es él? | **Vem är han?**
[vem ær han?]

¿Quién es ella? | **Vem är hon?**
[vem ær hon?]

¿Quiénes son? | **Vilka är de?**
['vilʲka ær dom?]

Este es …                     **Det här är …**
                              [de: hæːr ær …]

mi amigo                      **min vän**
                              [min vɛn]

mi amiga                      **min väninna**
                              [min vɛ'nina]

mi marido                     **min man**
                              [min man]

mi mujer                      **min fru**
                              [min frɵː]

mi padre                      **min far**
                              [min faːr]

mi madre                      **min mor**
                              [min moːr]

mi hermano                    **min bror**
                              [min 'bruːr]

mi hermana                    **min syster**
                              [min 'sʏstər]

mi hijo                       **min son**
                              [min soːn]

mi hija                       **min dotter**
                              [min 'dotər]

Este es nuestro hijo.         **Det här är vår son.**
                              [de: hæːr ær vor son]

Esta es nuestra hija.         **Det här är vår dotter.**
                              [de: hæːr ær vor 'dotər]

Estos son mis hijos.          **Det här är mina barn.**
                              [de: hæːr ær 'mina baːɳ]

Estos son nuestros hijos.     **Det här är våra barn.**
                              [de: hæːr ær 'voːra baːɳ]

# Despedidas

| | |
|---|---|
| ¡Adiós! | **På återseende! Hej då!**<br>[pɔ ote:'ʂeəndə! hɛj do:!] |
| ¡Chau! | **Hej då!**<br>[hɛj do:!] |
| Hasta mañana. | **Vi ses imorgon.**<br>[vi ses i'mɔrgɔn] |
| Hasta pronto. | **Vi ses snart.**<br>[vi ses sna:t̠] |
| Te veo a las siete. | **Vi ses klockan sju.**<br>[vi ses 'klʲokan ɧʉ:] |
| ¡Que se diviertan! | **Ha det så roligt!**<br>[ha dɛ so 'roligt!] |
| Hablamos más tarde. | **Vi hörs senare.**<br>[vi høːʂ 'senarə] |
| Que tengas un buen fin de semana. | **Ha en trevlig helg.**<br>[ha en 'trɛvlig helj] |
| Buenas noches. | **Godnatt.**<br>[god'nat] |
| Es hora de irme. | **Det är dags för mig att ge mig av.**<br>[de: ær daːgs før mɛj at je mɛj av] |
| Tengo que irme. | **Jag behöver ge mig av.**<br>[ja be'høvər je mɛj av] |
| Ahora vuelvo. | **Jag kommer strax tillbaka.**<br>[ja 'komər straks tilʲ'baka] |
| Es tarde. | **Det är sent.**<br>[de: ær sɛnt] |
| Tengo que levantarme temprano. | **Jag måste gå upp tidigt.**<br>[ja 'mostə go up 'tidit] |
| Me voy mañana. | **Jag ger mig av imorgon.**<br>[ja jer mɛj av i'mɔrgɔn] |
| Nos vamos mañana. | **Vi ger oss av imorgon.**<br>[vi jeːr os av i'mɔrgɔn] |
| ¡Que tenga un buen viaje! | **Trevlig resa!**<br>['trɛvlig 'resa!] |
| Ha sido un placer. | **Det var trevligt att träffas.**<br>[dɛ var 'trɛvligt at trɛfas] |
| Fue un placer hablar con usted. | **Det var trevligt att prata med dig.**<br>[de: var 'trɛvligt at 'praːta me dɛj] |
| Gracias por todo. | **Tack för allt.**<br>[tak før alʲt] |

Lo he pasado muy bien. | **Jag hade väldigt trevligt.**
[ja ˈhadə ˈvɛlʲdigt ˈtrɛvligt]

Lo pasamos muy bien. | **Vi hade väldigt trevligt.**
[vi ˈhade ˈvɛlʲdigt ˈtrɛvligt]

Fue genial. | **Det var verkligen trevligt.**
[dɛ var ˈvɛrkligən ˈtrɛvligt]

Le voy a echar de menos. | **Jag kommer att sakna dig.**
[ja ˈkomər at ˈsakna dɛj]

Le vamos a echar de menos. | **Vi kommer att sakna dig.**
[vi ˈkomer at ˈsakna dɛj]

¡Suerte! | **Lycka till!**
[ˈlʲʏka tilʲ!]

Saludos a … | **Hälsa till ...**
[ˈhɛlʲsa tilʲ ...]

# Idioma extranjero

| No entiendo. | **Jag förstår inte.**<br>[ja fø:'ʂto:r 'intə] |
| Escríbalo, por favor. | **Skulle du kunna skriva ner det.**<br>['skɯlᵉe dɯ: 'kuna 'skri:va ner dɛ] |
| ¿Habla usted ...? | **Talar du ...**<br>['talᵉar dɯ: ...] |

| Hablo un poco de ... | **Jag talar lite ...**<br>[ja 'talᵉar 'lᵉitə ...] |
| inglés | **engelska**<br>['ɛŋelᵉska] |
| turco | **turkiska**<br>['tɯrkiska] |
| árabe | **arabiska**<br>[a'rabiska] |
| francés | **franska**<br>['franska] |

| alemán | **tyska**<br>['tʏska] |
| italiano | **italienska**<br>[ita'lje:nska] |
| español | **spanska**<br>['spanska] |
| portugués | **portugisiska**<br>[po:tɯ'gi:siska] |
| chino | **kinesiska**<br>[ɕi'nesiska] |
| japonés | **japanska**<br>[ja'pa:nska] |

| ¿Puede repetirlo, por favor? | **Kan du upprepa det, tack.**<br>[kan dɯ: 'uprepa dɛ, tak] |
| Lo entiendo. | **Jag förstår.**<br>[ja fø:'ʂto:r] |
| No entiendo. | **Jag förstår inte.**<br>[ja fø:'ʂto:r 'intə] |
| Hable más despacio, por favor. | **Kan du prata långsammare, tack.**<br>[kan dɯ: 'pra:ta lᵒo:ŋ'samarə, tak] |

| ¿Está bien? | **Är det rätt?**<br>[ɛr dɛ rɛt?] |
| ¿Qué es esto? (¿Que significa esto?) | **Vad är det här?**<br>[vad ær dɛ hɛr?] |

## Disculpas

Perdone, por favor.

**Ursäkta mig.**
[ʉːˈʂɛkta mɛj]

Lo siento.

**Jag är ledsen.**
[ja ær ˈlʲesən]

Lo siento mucho.

**Jag är verkligen ledsen.**
[ja ær ˈvɛrkligən ˈlʲesen]

Perdón, fue culpa mía.

**Jag är ledsen, det är mitt fel.**
[ja ær ˈlʲesən, dɛ ær mit felʲ]

Culpa mía.

**Det är jag som har gjort ett misstag.**
[deː ær ja som har joːt et ˈmistag]

¿Puedo ...?

**Får jag ... ?**
[for jaː ...?]

¿Le molesta si ...?

**Har du något emot om jag ...?**
[har dʉː ˈnoːgɔt ɛˈmoːt om ja ...?]

¡No hay problema! (No pasa nada.)

**Det är okej.**
[deː ær ɔˈkej]

Todo está bien.

**Det är okej.**
[deː ær ɔˈkej]

No se preocupe.

**Tänk inte på det.**
[tɛnk ˈintə pɔ dɛ]

## Acuerdos

| | |
|---|---|
| Sí. | **Ja** [ja] |
| Sí, claro. | **Ja, säkert.** [ja, 'sɛːket] |
| Bien. | **Bra!** [braː!] |
| Muy bien. | **Mycket bra.** ['mʏke braː] |
| ¡Claro que sí! | **Ja visst!** [ja vist!] |
| Estoy de acuerdo. | **Jag håller med.** [ja 'holʲer meː] |
| Es verdad. | **Det stämmer.** [deː 'stɛmər] |
| Es correcto. | **Det är rätt.** [deː ær rɛt] |
| Tiene razón. | **Du har rätt.** [dʉː har rɛt] |
| No me molesta. | **Jag har inget emot det.** [ja har 'iŋet ɛ'moːt dɛ] |
| Es completamente cierto. | **Det stämmer helt.** [deː 'stɛmər helʲt] |
| Es posible. | **Det är möjligt.** [deː ær 'møjligt] |
| Es una buena idea. | **Det är en bra idé.** [deː ær en braː i'deː] |
| No puedo decir que no. | **Jag kan inte säga nej.** [ja kan 'inte 'sɛja nɛj] |
| Estaré encantado /encantada/. | **Det gör jag gärna.** [deː jør ja 'jæːŋa] |
| Será un placer. | **Med nöje.** [me 'nøje] |

## Rechazo. Expresar duda

No.

**Nej**
[nɛj]

Claro que no.

**Verkligen inte.**
['vɛrkligən 'intə]

No estoy de acuerdo.

**Jag håller inte med.**
[ja 'holʲer 'intə me:]

No lo creo.

**Jag tror inte det.**
[ja tror 'intə dɛ]

No es verdad.

**Det är inte sant.**
[de: ær 'intə sant]

No tiene razón.

**Du har fel.**
[dʉ: har felʲ]

Creo que no tiene razón.

**Jag tycker att du har fel.**
[ja 'tʏkər at dʉ: har felʲ]

No estoy seguro /segura/.

**Jag är inte säker.**
[ja ær 'intə 'sɛ:kər]

No es posible.

**Det är omöjligt.**
[de: ær u:'mœjligt]

¡Nada de eso!

**Absolut inte!**
[abso'lʲʉt 'intə!]

Justo lo contrario.

**Raka motsatsen.**
['ra:ka 'mo:tsatsən]

Estoy en contra de ello.

**Jag är emot det.**
[ja ær ɛ'mo:t dɛ]

No me importa. (Me da igual.)

**Jag bryr mig inte om det.**
[ja bry:r mɛj 'intə om dɛ]

No tengo ni idea.

**Jag har ingen aning.**
[ja har 'iŋen 'aniŋ]

Dudo que sea así.

**Jag betvivlar det.**
[ja bet'vivlʲar dɛ]

Lo siento, no puedo.

**Jag är ledsen, det kan jag inte.**
[ja ær 'lʲesən, dɛ kan ja 'intə]

Lo siento, no quiero.

**Jag är ledsen, det vill jag inte.**
[ja ær 'lʲesən, dɛ vilʲ ja 'intə]

Gracias, pero no lo necesito.

**Nej, tack.**
[nɛj, tak]

Ya es tarde.

**Det börjar bli sent.**
[de: 'børjar bli sɛnt]

Tengo que levantarme temprano.    **Jag måste gå upp tidigt.**
                                  [ja 'mostə go up 'tidit]

Me encuentro mal.                 **Jag mår inte bra.**
                                  [ja mor 'intə bra:]

# Expresar gratitud

| | |
|---|---|
| Gracias. | **Tack**<br>[tak] |
| Muchas gracias. | **Tack så mycket.**<br>[tak so 'mʏke] |
| De verdad lo aprecio. | **Jag uppskattar det verkligen.**<br>[ja 'upskatar dɛ 'vɛrkligən] |
| Se lo agradezco. | **Jag är verkligen tacksam mot dig.**<br>[ja ær 'vɛrkligən 'taksam mot dɛj] |
| Se lo agradecemos. | **Vi är verkligen tacksamma mot dig.**<br>[vi: ær 'vɛrkligən 'taksama mo:t dɛj] |
| Gracias por su tiempo. | **Tack för dig stund.**<br>[tak før dɛj stund] |
| Gracias por todo. | **Tack för allt.**<br>[tak før alʲt] |
| Gracias por … | **Tack för ...**<br>[tak før ...] |
| su ayuda | **din hjälp**<br>[din jɛlʲp] |
| tan agradable momento | **en trevlig tid**<br>[en 'trɛvlig tid] |
| una comida estupenda | **en fantastisk måltid**<br>[en fan'tastisk 'molʲtid] |
| una velada tan agradable | **en trevlig kväll**<br>[en 'trɛvlig kvɛlʲ] |
| un día maravilloso | **en underbar dag**<br>[en 'undəbar da:g] |
| un viaje increíble | **en fantastisk resa**<br>[en fan'tastisk 'resa] |
| No hay de qué. | **Ingen orsak.**<br>['iŋen 'u:ṣak] |
| De nada. | **Väl bekomme.**<br>[vɛlʲ be'komə] |
| Siempre a su disposición. | **Ingen orsak.**<br>['iŋen 'u:ṣak] |
| Encantado /Encantada/ de ayudarle. | **Nöjet är helt på min sida.**<br>['nøjet ær helʲt pɔ min 'si:da] |
| No hay de qué. | **Ingen orsak.**<br>['iŋen 'u:ṣak] |
| No tiene importancia. | **Tänk inte på det.**<br>[tɛnk 'intə pɔ dɛ] |

## Felicitaciones , Mejores Deseos

¡Felicidades!

**Gratulationer!**
[gratɵlʲaʰʉːnər!]

¡Feliz Cumpleaños!

**Grattis på födelsedagen!**
['gratis pɔ 'fødelʲsə 'dagen!]

¡Feliz Navidad!

**God Jul!**
[god jʉːlʲ!]

¡Feliz Año Nuevo!

**Gott Nytt År!**
[got nʏt oːr!]

¡Felices Pascuas!

**Glad Påsk!**
[glʲad 'posk!]

¡Feliz Hanukkah!

**Glad Chanukka!**
[glʲad 'hanɵka!]

Quiero brindar.

**Jag skulle vilja utbringa en skål.**
[ja 'skɵlʲe 'vilja ɵːt'briŋa en skolʲ]

¡Salud!

**Skål!**
[skolʲ!]

¡Brindemos por ...!

**Låt oss dricka för ...!**
[lʲot os 'drika før ...!]

¡A nuestro éxito!

**För vår framgång!**
[før vor 'framgoːŋ!]

¡A su éxito!

**För dig framgång!**
[før dɛj 'framgoːŋ!]

¡Suerte!

**Lycka till!**
['lʲʏka tilʲ!]

¡Que tenga un buen día!

**Ha en bra dag!**
[ha en braː dag!]

¡Que tenga unas buenas vacaciones!

**Ha en bra helg!**
[ha en braː helj!]

¡Que tenga un buen viaje!

**Säker resa!**
['sɛːkər 'resa!]

¡Espero que se recupere pronto!

**Krya på dig!**
['krya pɔ dɛj!]

## Socializarse

| | |
|---|---|
| ¿Por qué está triste? | **Varför är du ledsen?**<br>['vaːføːr ær dʉː 'lʲesən?] |
| ¡Sonría! ¡Anímese! | **Får jag se ett leende? Upp med hakan!**<br>[for ja se et 'lʲeəndə? up me 'haːkan!] |
| ¿Está libre esta noche? | **Är du ledig ikväll?**<br>[ɛr dʉː 'lʲeːdig iːkvɛlʲ?] |

| | |
|---|---|
| ¿Puedo ofrecerle algo de beber? | **Får jag bjuda på en drink?**<br>[for ja 'bjʉːda po en drink?] |
| ¿Querría bailar conmigo? | **Vill du dansa?**<br>[vilʲ dʉː 'dansa?] |
| Vamos a ir al cine. | **Låt oss gå på bio.**<br>[lʲot os go po 'biːo] |

| | |
|---|---|
| ¿Puedo invitarle a …? | **Får jag bjuda dig på …?**<br>[for ja 'bjʉːda dɛj po …?] |
| un restaurante | **restaurang**<br>[rɛstoˈraŋ] |
| el cine | **bio**<br>['biːo] |
| el teatro | **teater**<br>[teˈaːter] |
| dar una vuelta | **gå på en promenad**<br>['go po en promeˈnad] |

| | |
|---|---|
| ¿A qué hora? | **Vilken tid?**<br>['vilʲkən tid?] |
| esta noche | **ikväll**<br>[iːkvɛlʲ] |
| a las seis | **vid sex**<br>[vid 'sɛks] |
| a las siete | **vid sju**<br>[vid ɧʉː] |
| a las ocho | **vid åtta**<br>[vid 'ota] |
| a las nueve | **vid nio**<br>[vid 'niːo] |

| | |
|---|---|
| ¿Le gusta este lugar? | **Gillar du det här stället?**<br>['jilʲar dʉː dɛ hæːr 'stɛlʲet?] |
| ¿Está aquí con alguien? | **Är du här med någon?**<br>[ɛr dʉː hæːr me 'noːgɔn?] |
| Estoy con mi amigo /amiga/. | **Jag är här med min vän /väninna/.**<br>[ja ær hæːr me min vɛn /vɛˈnina/] |

| | |
|---|---|
| Estoy con amigos. | **Jag är här med mina vänner.** |
| | [ja ær hæːr me 'mina 'vɛnər] |
| No, estoy solo /sola/. | **Nej, jag är ensam.** |
| | [nɛj, ja ær 'ɛnsam] |

| | |
|---|---|
| ¿Tienes novio? | **Har du pojkvän?** |
| | [har dʉː 'pojkvɛn?] |
| Tengo novio. | **Jag har pojkvän.** |
| | [ja har 'pojkvɛn] |
| ¿Tienes novia? | **Har du flickvän?** |
| | [har dʉː 'flikvɛn?] |
| Tengo novia. | **Jag har flickvän.** |
| | [ja har 'flʲikvɛn] |

| | |
|---|---|
| ¿Te puedo volver a ver? | **Får jag träffa dig igen?** |
| | [for ja 'trɛfa dɛj i'jen?] |
| ¿Te puedo llamar? | **Kan jag ringa dig?** |
| | [kan ja 'riŋa dɛj?] |
| Llámame. | **Ring mig.** |
| | ['riŋ mɛj] |
| ¿Cuál es tu número? | **Vad har du för nummer?** |
| | [vad har dʉː før 'nʉmər?] |
| Te echo de menos. | **Jag saknar dig.** |
| | [ja 'saknar dɛj] |

| | |
|---|---|
| ¡Qué nombre tan bonito! | **Du har ett vackert namn.** |
| | [dʉː har et 'vakeːʈ namn] |
| Te quiero. | **Jag älskar dig.** |
| | [ja 'ɛlʲskər dɛj] |
| ¿Te casarías conmigo? | **Vill du gifta dig med mig?** |
| | [vilʲ dʉː 'jifta dɛj me mɛj?] |
| ¡Está de broma! | **Du skämtar!** |
| | [dʉː 'ɧɛmtar!] |
| Sólo estoy bromeando. | **Jag skämtar bara.** |
| | [ja 'ɧɛmtar 'baːra] |

| | |
|---|---|
| ¿En serio? | **Menar du allvar?** |
| | ['meːnar dʉː 'alʲvaːr?] |
| Lo digo en serio. | **Jag menar allvar.** |
| | [ja 'meːnar 'alʲvaːr] |
| ¿De verdad? | **Verkligen?!** |
| | ['vɛrkligən?!] |
| ¡Es increíble! | **Det är otroligt!** |
| | [deː ær uːˈtroːligt!] |
| No le creo. | **Jag tror dig inte.** |
| | [ja tror dɛj 'intə] |
| No puedo. | **Jag kan inte.** |
| | [ja kan 'intə] |
| No lo sé. | **Jag vet inte.** |
| | [ja vet 'intə] |
| No le entiendo. | **Jag förstår dig inte.** |
| | [ja føːˈʂtoːr dɛj 'intə] |

Váyase, por favor.

**Var snäll och gå.**
[var snɛlˈ o goː]

¡Déjeme en paz!

**Lämna mig ifred!**
[ˈlˈɛːmna mɛj ifreːd!]

Es inaguantable.

**Jag står inte ut med honom.**
[ja stoːr ˈintə ʉt me ˈhonom]

¡Es un asqueroso!

**Du är vedervärdig!**
[dʉː ær ˈvedervæːɖig!]

¡Llamaré a la policía!

**Jag ska ringa polisen!**
[ja ska ˈriŋa poˈlˈiːsən!]

## Compartir impresiones. Emociones

| | |
|---|---|
| Me gusta. | **Jag tycker om det.**<br>[ja 'tʏkər om dɛ] |
| Muy lindo. | **Jättefint.**<br>['jɛtefint] |
| ¡Es genial! | **Det är fantastiskt!**<br>[de: ær fan'tastiskt!] |
| No está mal. | **Det är inte illa.**<br>[de: ær 'intə 'ilʲa] |
| | |
| No me gusta. | **Jag gillar det inte.**<br>[ja 'jilʲar dɛ 'intəe] |
| No está bien. | **Det är inte bra.**<br>[de: ær 'intə bra:] |
| Está mal. | **Det är illa.**<br>[de: ær 'ilʲa] |
| Está muy mal. | **Det är väldigt dåligt.**<br>[de: ær 'vɛlʲdigt 'do:ligt] |
| ¡Qué asco! | **Det är förskräckligt.**<br>[de: ær føː'ʂkrɛkligt] |
| | |
| Estoy feliz. | **Jag är glad.**<br>[ja ær glʲad] |
| Estoy contento /contenta/. | **Jag är nöjd.**<br>[ja ær 'nøjd] |
| Estoy enamorado /enamorada/. | **Jag är kär.**<br>[ja ær 'kæːr] |
| Estoy tranquilo. | **Jag är lugn.**<br>[ja ær 'lʲʉŋn] |
| Estoy aburrido. | **Jag är uttråkad.**<br>[ja ær ʉt'trokad] |
| | |
| Estoy cansado /cansada/. | **Jag är trött.**<br>[ja ær trøt] |
| Estoy triste. | **Jag är ledsen.**<br>[ja ær 'lʲesən] |
| Estoy asustado. | **Jag är rädd.**<br>[ja ær rɛd] |
| Estoy enfadado /enfadada/. | **Jag är arg.**<br>[ja ær arj] |
| | |
| Estoy preocupado /preocupada/. | **Jag är orolig.**<br>[ja ær u'rulig] |
| Estoy nervioso /nerviosa/. | **Jag är nervös.**<br>[ja ær ner'vøːs] |

Estoy celoso /celosa/.

**Jag är svartsjuk.**
[ja ær 'sva:ʧɵ:k]

Estoy sorprendido /sorprendida/.

**Jag är överraskad.**
[ja ær ø:vɛ'raskad]

Estoy perplejo /perpleja/.

**Jag är förvirrad.**
[ja ær før'virad]

## Problemas, Accidentes

Tengo un problema.
**Jag har ett problem.**
[ja har et prɔ'blʲem]

Tenemos un problema.
**Vi har ett problem.**
[vi har et prɔ'blʲem]

Estoy perdido /perdida/.
**Jag är vilse.**
[ja ær 'vilʲsə]

Perdí el último autobús (tren).
**Jag missade sista bussen (tåget).**
[ja 'misadə 'sista 'busən ('to:get)]

No me queda más dinero.
**Jag har inga pengar kvar.**
[ja har 'iŋa 'peŋar kva:r]

He perdido ...
**Jag har förlorat ...**
[ja har fø:lʲorat ...]

Me han robado ...
**Någon har stulit ...**
['no:gɔn har 'stu:lit ...]

mi pasaporte
**mitt pass**
[mit pas]

mi cartera
**min plånbok**
[min 'plʲo:nbʊk]

mis papeles
**mina handlingar**
['mina 'handliŋar]

mi billete
**min biljett**
[min bi'lʲet]

mi dinero
**mina pengar**
['mina 'peŋar]

mi bolso
**min handväska**
[min 'hand‚vɛska]

mi cámara
**min kamera**
[min 'ka:mera]

mi portátil
**min laptop**
[min 'lʲaptop]

mi tableta
**min surfplatta**
[min 'sʊrfplʲata]

mi teléfono
**min mobiltelefon**
[min mo'bilʲ telʲe'fɔn]

¡Ayúdeme!
**Hjälp mig!**
['jɛlʲp mɛj!]

¿Qué pasó?
**Vad har hänt?**
[vad har hɛnt?]

el incendio
**brand**
[brand]

| | |
|---|---|
| un tiroteo | **skottlossning**<br>[skot'lˡosniŋ] |
| el asesinato | **mord**<br>['moːɖ] |
| una explosión | **explosion**<br>[ɛksplˡɔ'ɧuːn] |
| una pelea | **slagsmål**<br>['slˡaks moːlˡ] |

| | |
|---|---|
| ¡Llame a la policía! | **Ring polisen!**<br>['riŋ poˈliːsən!] |
| ¡Más rápido, por favor! | **Snälla skynda på!**<br>['snɛlˡa 'ɧʏnda poːl!] |
| Busco la comisaría. | **Jag letar efter polisstationen.**<br>[ja 'lˡetar 'ɛftər poˈlˡis sta'ɧuːnən] |
| Tengo que hacer una llamada. | **Jag behöver ringa ett samtal.**<br>[ja be'høvər 'riŋa et 'samtalˡ] |
| ¿Puedo usar su teléfono? | **Får jag använda din telefon?**<br>[for ja 'anvɛnda din telˡe'fon?] |

| | |
|---|---|
| Me han … | **Jag har blivit ...**<br>[ja har 'blivit ...] |
| asaltado /asaltada/ | **rånad**<br>['ronad] |
| robado /robada/ | **bestulen**<br>[be'stɯːlˡen] |
| violada | **våldtagen**<br>['volˡd̩tagən] |
| atacado /atacada/ | **angripen**<br>['aŋripən] |

| | |
|---|---|
| ¿Se encuentra bien? | **Är det okej med dig?**<br>[ɛr dɛ ɔ'kej me dɛj?] |
| ¿Ha visto quien a sido? | **Såg du vem det var?**<br>[sog dɯ: vɛm dɛ vaːr?] |
| ¿Sería capaz de reconocer a la persona? | **Skulle du kunna känna igen personen?**<br>['skɯlˡe dɯ: 'kuna kɛna ijen pɛ:'ʂuːnən?] |
| ¿Está usted seguro? | **Är du säker?**<br>[ɛr dɯ: 'sɛːker?] |

| | |
|---|---|
| Por favor, cálmese. | **Snälla lugna ner dig.**<br>['snɛlˡa 'lˡɯnˡa ne dɛj] |
| ¡Cálmese! | **Ta det lugnt!**<br>[ta dɛ lˡɯŋt!] |
| ¡No se preocupe! | **Oroa dig inte!**<br>['oːroa dɛj 'inte!] |
| Todo irá bien. | **Allt kommer att bli bra.**<br>[alˡt 'komər at bli bra:] |
| Todo está bien. | **Allt är okej.**<br>[alˡt ær ɔ'kej] |

Venga aquí, por favor.

**Vill du vara snäll och följa med?**
[vilʲ dʉ: 'va:ra snɛlʲ o 'følʲa me:?]

Tengo unas preguntas para usted.

**Jag har några frågor till dig.**
[ja har 'nogra 'frogor tilʲ dɛj]

Espere un momento, por favor.

**Var snäll och vänta
ett ögonblick, tack.**
[var snɛlʲ o 'vɛnta
et 'ø:gɔnblik, tak]

¿Tiene un documento de identidad?

**Har du någon legitimation?**
[har dʉ: 'no:gɔn lʲegitima'fʉ:n?]

Gracias. Puede irse ahora.

**Tack. Du kan gå nu.**
[tak. dʉ: kan go nʉ:]

¡Manos detrás de la cabeza!

**Händerna bakom huvudet!**
['hɛnderna 'bakom 'hʉvʉdet!]

¡Está arrestado!

**Du är anhållen!**
[dʉ: ær an'holʲen!]

## Problemas de salud

| | |
|---|---|
| Ayudeme, por favor. | **Snälla hjälp mig.**<br>['snɛlˈa jɛlˈp mɛj] |
| No me encuentro bien. | **Jag mår inte bra.**<br>[ja mor 'intə braː] |
| Mi marido no se encuentra bien. | **Min man mår inte bra.**<br>[min man mor 'intə braː] |
| Mi hijo … | **Min son ...**<br>[min soːn ...] |
| Mi padre … | **min far ...**<br>[min faːr ...] |

| | |
|---|---|
| Mi mujer no se encuentra bien. | **Min fru mår inte bra.**<br>[min frʉː mor 'intə braː] |
| Mi hija … | **Min dotter ...**<br>[min 'dotər ...] |
| Mi madre … | **Min mor ...**<br>[min moːr ...] |

| | |
|---|---|
| Me duele … | **Jag har ...**<br>[ja har ...] |
| la cabeza | **huvudvärk**<br>['hʉːvʉdˈvæːrk] |
| la garganta | **halsont**<br>['halˈsʊnt] |
| el estómago | **värk i magen**<br>[vɛrk i 'maːgən] |
| un diente | **tandvärk**<br>['tandˌvɛrk] |

| | |
|---|---|
| Estoy mareado. | **Jag känner mig yr.**<br>[ja 'ɕɛnər mɛj yːr] |
| Él tiene fiebre. | **Han har feber.**<br>[han har 'febər] |
| Ella tiene fiebre. | **Hon har feber.**<br>[hon har 'febər] |
| No puedo respirar. | **Jag kan inte andas.**<br>[ja kan 'intə 'andas] |

| | |
|---|---|
| Me ahogo. | **Jag har andnöd.**<br>[ja har 'andnød] |
| Tengo asma. | **Jag är astmatiker.**<br>[ja ær ast'matiker] |
| Tengo diabetes. | **Jag är diabetiker.**<br>[ja ær dia'betikər] |

| | |
|---|---|
| No puedo dormir. | **Jag kan inte sova.**<br>[ja kan 'intə 'so:va] |
| intoxicación alimentaria | **matförgiftning**<br>['ma:tfø:'jiftniŋ] |

| | |
|---|---|
| Me duele aquí. | **Det gör ont här.**<br>[de: jør ont hæ:r] |
| ¡Ayúdeme! | **Hjälp mig!**<br>['jɛlʲp mɛj!] |
| ¡Estoy aquí! | **Jag är här!**<br>[ja ær 'hæ:r!] |
| ¡Estamos aquí! | **Vi är här!**<br>[vi: ær hæ:r!] |
| ¡Saquenme de aquí! | **Ta mig härifrån!**<br>[ta mɛj 'hɛrifron!] |
| Necesito un médico. | **Jag behöver en läkare.**<br>[ja be'høvər en 'lʲɛ:karə] |
| No me puedo mover. | **Jag kan inte röra mig.**<br>[ja kan 'intə 'rø:ra mɛj] |
| No puedo mover mis piernas. | **Jag kan inte röra mina ben.**<br>[ja kan 'intə 'rø:ra 'mina bɛn] |

| | |
|---|---|
| Tengo una herida. | **Jag har ett sår.**<br>[ja har et so:r] |
| ¿Es grave? | **Är det allvarligt?**<br>[ɛr dɛ 'alʲva:rligt?] |
| Mis documentos están en mi bolsillo. | **Mina dokument är i min ficka.**<br>['mina dokʉ'ment ær i min 'fika] |
| ¡Cálmese! | **Lugna ner dig!**<br>['lʲʉnʲa ne: dɛj!] |
| ¿Puedo usar su teléfono? | **Får jag använda din telefon?**<br>[for ja 'anvɛnda din telʲe'fɔn?] |

| | |
|---|---|
| ¡Llame a una ambulancia! | **Ring efter en ambulans!**<br>['riŋ 'ɛftər en ambʉ'lʲans!] |
| ¡Es urgente! | **Det är brådskande!**<br>[de: ær 'brodskandə!] |
| ¡Es una emergencia! | **Det är ett nödfall!**<br>[de: ær et 'nødfalʲ!] |
| ¡Más rápido, por favor! | **Snälla, skynda dig!**<br>['snɛlʲa, 'ɧynda dɛj!] |
| ¿Puede llamar a un médico, por favor? | **Vill du vara snäll och ringa en läkare?**<br>[vilʲ dʉ: 'va:ra snɛlʲ o 'riŋa en 'lʲɛ:karə?] |
| ¿Dónde está el hospital? | **Var är sjukhuset?**<br>[var ær 'ɧʉ:khʉ:set?] |

| | |
|---|---|
| ¿Cómo se siente? | **Hur mår du?**<br>[hʉ: mor dʉ:?] |
| ¿Se encuentra bien? | **Är du okej?**<br>[ɛr dʉ: ɔ'kej?] |
| ¿Qué pasó? | **Vad har hänt?**<br>[vad har hɛnt?] |

Me encuentro mejor.

**Jag mår bättre nu.**
[ja mor 'bɛtrə nʉː]

Está bien.

**Det är okej.**
[deː ær ɔ'kej]

Todo está bien.

**Det är okej.**
[deː ær ɔ'kej]

## En la farmacia

| | |
|---|---|
| la farmacia | **apotek**<br>[apʉ'tek] |
| la farmacia 24 horas | **dygnet runt-öppet apotek**<br>['dynɪet rʉnt-'øpet apʉ'tek] |
| ¿Dónde está la farmacia más cercana? | **Var finns närmsta apotek?**<br>[var fins 'nɛrmsta apʉ'tek?] |
| ¿Está abierta ahora? | **Är det öppet nu?**<br>[ɛr dɛ 'øpet nʉ:?] |
| ¿A qué hora abre? | **Vilken tid öppnar det?**<br>['vilɪkən tid 'øpnar dɛ?] |
| ¿A qué hora cierra? | **Vilken tid stänger det?**<br>['vilɪkən tid 'stɛŋər dɛ?] |
| ¿Está lejos? | **Är det långt?**<br>[ɛr dɛ 'lɪoːŋt?] |
| ¿Puedo llegar a pie? | **Kan jag ta mig dit till fots?**<br>[kan ja ta mɛj dit tilɪ 'fʊts?] |
| ¿Puede mostrarme en el mapa? | **Kan du visa mig på kartan?**<br>[kan dʉ: 'viːsa mɛj pɔ 'kaːʈan?] |
| Por favor, deme algo para … | **Snälla ge mig någonting mot …**<br>['snɛlɪa je mɛj 'nʊːgɔntiŋ mot …] |
| un dolor de cabeza | **huvudvärk**<br>['hʉːvʉd'væːrk] |
| la tos | **hosta**<br>['hosta] |
| el resfriado | **förkylning**<br>[før'ɕʏlɪniŋ] |
| la gripe | **influensan**<br>[inflɪʉ'ensan] |
| la fiebre | **feber**<br>['feber] |
| un dolor de estomago | **magont**<br>['maːgont] |
| nauseas | **illamående**<br>[ilɪa'moendə] |
| la diarrea | **diarré**<br>[dia'reː] |
| el estreñimiento | **förstoppning**<br>[føː'ʂtopniŋ] |
| un dolor de espalda | **ryggont**<br>['rʏgont] |

| | |
|---|---|
| un dolor de pecho | **bröstsmärtor** ['brøst'smɛːˌtor] |
| el flato | **mjälthugg** ['mjelˑthug] |
| un dolor abdominal | **magsmärtor** ['magsmɛːˌtor] |

| | |
|---|---|
| la píldora | **piller, tablett** ['pilˑer, tab'lˑet] |
| la crema | **salva** ['salˑva] |
| el jarabe | **drickbar medicin** ['drikbar medi'siːn] |
| el spray | **sprej** [sprɛj] |
| las gotas | **droppar** ['dropar] |

| | |
|---|---|
| Tiene que ir al hospital. | **Du måste åka till sjukhuset.** [duː 'moste 'oːka tilˑ 'ɧuːkhuset] |
| el seguro de salud | **sjukförsäkring** ['ɧuːkføː'ʂɛkriŋ] |
| la receta | **recept** [re'sɛpt] |
| el repelente de insectos | **insektsmedel** ['insekts'medəlˑ] |
| la curita | **plåster** ['plˑɔstər] |

## Lo más imprescindible

| | |
|---|---|
| Perdone, … | **Ursäkta mig, …**<br>[ʉ:'sɛkta mɛj, …] |
| Hola. | **Hej**<br>[hɛj] |
| Gracias. | **Tack**<br>[tak] |

| | |
|---|---|
| Sí. | **Ja**<br>[ja] |
| No. | **Nej**<br>[nɛj] |
| No lo sé. | **Jag vet inte.**<br>[ja vet 'intə] |
| ¿Dónde? | ¿A dónde? | ¿Cuándo? | **Var? I Vart? I När?**<br>[var? | va:ʈ? | nɛr?] |

| | |
|---|---|
| Necesito … | **Jag behöver …**<br>[ja be'høvər …] |
| Quiero … | **Jag vill …**<br>[ja vilʲ …] |
| ¿Tiene …? | **Har du …?**<br>[har dʉ: …?] |
| ¿Hay … por aquí? | **Finns det … här?**<br>[fins dɛ … hæ:r?] |
| ¿Puedo …? | **Får jag … ?**<br>[for ja: …?] |
| …, por favor? (petición educada) | **…, tack**<br>[…, tak] |

| | |
|---|---|
| Busco … | **Jag letar efter …**<br>[ja 'ʲetar 'ɛftər …] |
| el servicio | **en toalett**<br>[en tua'ʲet] |
| un cajero automático | **en uttagsautomat**<br>[en ʉ:'ta:gs auto'mat] |
| una farmacia | **ett apotek**<br>[et apʉ'tek] |
| el hospital | **ett sjukhus**<br>[et 'ɧʉ:khʉs] |

| | |
|---|---|
| la comisaría | **en polisstation**<br>[en po'lis sta'ɧu:n] |
| el metro | **tunnelbanan**<br>['tʉnəlʲ 'ba:nan] |

| | |
|---|---|
| un taxi | **en taxi**<br>[en 'taksi] |
| la estación de tren | **en tågstation**<br>[en 'to:g sta'ʃu:n] |

| | |
|---|---|
| Me llamo … | **Jag heter ...**<br>[ja 'hetər ...] |
| ¿Cómo se llama? | **Vad heter du?**<br>[vad 'hetər dʉ:?] |
| ¿Puede ayudarme, por favor? | **Skulle du kunna hjälpa mig?**<br>['skʉlʲe dʉ: 'kuna 'jɛlʲpa mɛj?] |
| Tengo un problema. | **Jag har ett problem.**<br>[ja har et prɔ'blʲem] |
| Me encuentro mal. | **Jag mår inte bra.**<br>[ja mor 'intə bra:] |
| ¡Llame a una ambulancia! | **Ring efter en ambulans!**<br>['riŋ 'ɛftər en ambʉ'lʲans!] |
| ¿Puedo llamar, por favor? | **Får jag ringa ett samtal?**<br>[for ja 'riŋa et 'sa:mtalʲ?] |

| | |
|---|---|
| Lo siento. | **Jag är ledsen.**<br>[ja ær 'lʲesən] |
| De nada. | **Ingen orsak.**<br>['iŋen 'u:ʂak] |

| | |
|---|---|
| Yo | **Jag, mig**<br>[ja, mɛj] |
| tú | **du**<br>[dʉ] |
| él | **han**<br>[han] |
| ella | **hon**<br>[hon] |
| ellos | **de:**<br>[de:] |
| ellas | **de:**<br>[de:] |
| nosotros /nosotras/ | **vi**<br>[vi:] |
| ustedes, vosotros | **ni**<br>[ni] |
| usted | **du, Ni**<br>[dʉ:, ni:] |

| | |
|---|---|
| ENTRADA | **INGÅNG**<br>['iŋo:ŋ] |
| SALIDA | **UTGÅNG**<br>['ʉtgo:ŋ] |
| FUERA DE SERVICIO | **UR FUNKTION**<br>[ʉ:r fʉnk'ʃu:n] |
| CERRADO | **STÄNGT**<br>['stɛŋt] |

ABIERTO

**ÖPPET**
['øpet]

PARA SEÑORAS

**FÖR KVINNOR**
[før 'kvinor]

PARA CABALLEROS

**FÖR MÄN**
[før mɛn]

BOOKS

# DICCIONARIO CONCISO

Esta sección contiene más
de 1.500 palabras útiles.
El diccionario incluye muchos
términos gastronómicos
y será de gran ayuda para
pedir alimentos en un
restaurante o comprando
comestibles en la tienda

T&P Books Publishing

# CONTENIDO
# DEL DICCIONARIO

| tiempo (m) | tid (en) | ['tid] |
|---|---|---|
| hora (f) | timme (en) | ['timə] |
| media hora (f) | halvtimme (en) | ['halʲvˌtimə] |
| minuto (m) | minut (en) | [mi'nʉːt] |
| segundo (m) | sekund (en) | [se'kund] |

| hoy (adv) | i dag | [i 'dag] |
|---|---|---|
| mañana (adv) | i morgon | [i 'mɔrgɔn] |
| ayer (adv) | i går | [i 'goːr] |

| lunes (m) | måndag (en) | ['mɔnˌdag] |
|---|---|---|
| martes (m) | tisdag (en) | ['tisˌdag] |
| miércoles (m) | onsdag (en) | ['ʊnsˌdag] |
| jueves (m) | torsdag (en) | ['tʊːʂˌdag] |
| viernes (m) | fredag (en) | ['freˌdag] |
| sábado (m) | lördag (en) | ['lʲøːˌdag] |
| domingo (m) | söndag (en) | ['sœnˌdag] |

| día (m) | dag (en) | ['dag] |
|---|---|---|
| día (m) de trabajo | arbetsdag (en) | ['arbetsˌdag] |
| día (m) de fiesta | helgdag (en) | ['hɛljˌdag] |
| fin (m) de semana | helg, veckohelg (en) | [hɛlj], ['vɛkɔˌhɛlj] |

| semana (f) | vecka (en) | ['vɛka] |
|---|---|---|
| semana (f) pasada | förra veckan | ['fœːra 'vɛkan] |
| semana (f) que viene | i nästa vecka | [i 'nɛsta 'vɛka] |

| salida (f) del sol | soluppgång (en) | ['sʊlʲ ˌup'gɔn] |
|---|---|---|
| puesta (f) del sol | solnedgång (en) | ['sʊlʲ 'nedˌgɔn] |

| por la mañana | på morgonen | [pɔ 'mɔrgɔnən] |
|---|---|---|
| por la tarde | på eftermiddagen | [pɔ 'ɛftəˌmidagən] |
| por la noche | på kvällen | [pɔ 'kvɛlʲen] |
| esta noche (p.ej. 8:00 p.m.) | i kväll | [i 'kvɛlʲ] |
| por la noche | om natten | [ɔm 'natən] |
| medianoche (f) | midnatt (en) | ['midˌnat] |

| enero (m) | januari | ['januˌari] |
|---|---|---|
| febrero (m) | februari | [fɛbrʉ'ari] |
| marzo (m) | mars | ['maːʂ] |
| abril (m) | april | [a'prilʲ] |
| mayo (m) | maj | ['maj] |
| junio (m) | juni | ['juːni] |
| julio (m) | juli | ['juːli] |

| agosto (m) | augusti | [auˈgusti] |
| septiembre (m) | september | [sɛpˈtɛmbər] |
| octubre (m) | oktober | [ɔkˈtʊbər] |
| noviembre (m) | november | [nɔˈvɛmbər] |
| diciembre (m) | december | [deˈsɛmbər] |

| en primavera | på våren | [pɔ ˈvoːrən] |
| en verano | på sommaren | [pɔ ˈsɔmarən] |
| en otoño | på hösten | [pɔ ˈhøstən] |
| en invierno | på vintern | [pɔ ˈvintərn] |

| mes (m) | månad (en) | [ˈmoːnad] |
| estación (f) | årstid (en) | [ˈoːʂˌtid] |
| año (m) | år (ett) | [ˈoːr] |
| siglo (m) | sekel (ett) | [ˈsekəlʲ] |

## 2. Números. Los numerales

| cifra (f) | siffra (en) | [ˈsifra] |
| número (m) (~ cardinal) | tal (ett) | [ˈtalʲ] |
| menos (m) | minus (ett) | [ˈminus] |
| más (m) | plus (ett) | [ˈplus] |
| suma (f) | summa (en) | [ˈsuma] |

| primero (adj) | första | [ˈfœːʂta] |
| segundo (adj) | andra | [ˈandra] |
| tercero (adj) | tredje | [ˈtrɛdjə] |

| cero | noll | [ˈnɔlʲ] |
| uno | ett | [ɛt] |
| dos | två | [ˈtvoː] |
| tres | tre | [ˈtreː] |
| cuatro | fyra | [ˈfyra] |

| cinco | fem | [ˈfem] |
| seis | sex | [ˈsɛks] |
| siete | sju | [ˈɧʉː] |
| ocho | åtta | [ˈota] |
| nueve | nio | [ˈniːʊ] |
| diez | tio | [ˈtiːʊ] |

| once | elva | [ˈɛlʲva] |
| doce | tolv | [ˈtɔlʲv] |
| trece | tretton | [ˈtrɛttɔn] |
| catorce | fjorton | [ˈfjʊːʈɔn] |
| quince | femton | [ˈfɛmtɔn] |

| dieciséis | sexton | [ˈsɛkstɔn] |
| diecisiete | sjutton | [ˈɧʉːttɔn] |
| dieciocho | arton | [ˈaːʈɔn] |

| diecinueve | nitton | ['ni:tton] |
| veinte | tjugo | ['ɕɵgʉ] |
| treinta | trettio | ['trɛttiʉ] |
| cuarenta | fyrtio | ['fœ:tiʉ] |
| cincuenta | femtio | ['fɛmtiʉ] |
| sesenta | sextio | ['sɛkstiʉ] |
| setenta | sjuttio | ['ɧuttiʉ] |
| ochenta | åttio | ['ottiʉ] |
| noventa | nittio | ['nittiʉ] |
| cien | hundra (ett) | ['hundra] |
| doscientos | tvåhundra | ['tvo:ˌhundra] |
| trescientos | trehundra | ['treˌhundra] |
| cuatrocientos | fyrahundra | ['fyraˌhundra] |
| quinientos | femhundra | ['femˌhundra] |
| seiscientos | sexhundra | ['sɛksˌhundra] |
| setecientos | sjuhundra | ['ɧʉ:ˌhundra] |
| ochocientos | åttahundra | ['otaˌhundra] |
| novecientos | niohundra | ['niʉˌhundra] |
| mil | tusen (ett) | ['tʉ:sən] |
| diez mil | tiotusen | ['ti:ʉˌtʉ:sən] |
| cien mil | hundratusen | ['hundraˌtʉ:sən] |
| millón (m) | miljon (en) | [mi'ljʊn] |
| mil millones | miljard (en) | [mi'lja:d] |

## 3. El ser humano. Los familiares

| hombre (m) (varón) | man (en) | ['man] |
| joven (m) | yngling (en) | ['yŋliŋ] |
| adolescente (m) | tonåring (en) | [tɔ'no:riŋ] |
| mujer (f) | kvinna (en) | ['kvina] |
| muchacha (f) | tjej, flicka (en) | [ɕej], ['flika] |
| edad (f) | ålder (en) | ['ɔlʲdər] |
| adulto | vuxen | ['vuksən] |
| de edad media (adj) | medelålders | ['medelʲˌɔldɛʂ] |
| anciano, mayor (adj) | äldre | ['ɛlʲdrə] |
| viejo (adj) | gammal | ['gamalʲ] |
| anciano (m) | gammal man (en) | ['gamalʲ ˌman] |
| anciana (f) | gumma (en) | ['guma] |
| jubilación (f) | pension (en) | [pan'ɧʊn] |
| jubilarse | att gå i pension | [at 'go: i pan'ɧʊn] |
| jubilado (m) | pensionär (en) | [panɧʊ'næ:r] |
| madre (f) | mor (en) | ['mʊr] |
| padre (m) | far (en) | ['far] |
| hijo (m) | son (en) | ['sɔn] |

| hija (f) | dotter (en) | ['dɔtər] |
| hermano (m) | bror (en) | ['brʊr] |
| hermano (m) mayor | storebror (en) | ['stʊrəˌbrʊr] |
| hermano (m) menor | lillebror (en) | ['lilʲeˌbrʊr] |
| hermana (f) | syster (en) | ['sʏstər] |
| hermana (f) mayor | storasyster (en) | ['stʊraˌsʏstər] |
| hermana (f) menor | lillasyster (en) | ['lilʲaˌsʏstər] |

| padres (pl) | föräldrar (pl) | [førˈɛlʲdrar] |
| niño -a (m, f) | barn (ett) | ['baːɳ] |
| niños (pl) | barn (pl) | ['baːɳ] |
| madrastra (f) | styvmor (en) | ['stʏvˌmʊr] |
| padrastro (m) | styvfar (en) | ['stʏvˌfar] |

| abuela (f) | mormor, farmor (en) | ['mʊrmʊr], ['farmʊr] |
| abuelo (m) | morfar, farfar (en) | ['mʊrfar], ['farfar] |
| nieto (m) | barnbarn (ett) | ['baːɳˌbaːɳ] |
| nieta (f) | barnbarn (ett) | ['baːɳˌbaːɳ] |
| nietos (pl) | barnbarn (pl) | ['baːɳˌbaːɳ] |

| tío (m) | farbror, morbror (en) | ['farˌbrʊr], ['mʊrˌbrʊr] |
| tía (f) | faster, moster (en) | ['fastər], ['mʊstər] |
| sobrino (m) | brorson, systerson (en) | ['brʊrˌsɔn], ['sʏstəˌsɔn] |
| sobrina (f) | brorsdotter, systerdotter (en) | ['brʊˌʂdɔtər], ['sʏstəˌdɔtər] |

| mujer (f) | hustru (en) | ['hʉstrʉ] |
| marido (m) | man (en) | ['man] |
| casado (adj) | gift | ['jift] |
| casada (adj) | gift | ['jift] |
| viuda (f) | änka (en) | ['ɛŋka] |
| viudo (m) | änkling (en) | ['ɛŋkliŋ] |

| nombre (m) | namn (ett) | ['namn] |
| apellido (m) | efternamn (ett) | ['ɛftəˌnamn] |

| pariente (m) | släkting (en) | ['slʲɛktiŋ] |
| amigo (m) | vän (en) | ['vɛːn] |
| amistad (f) | vänskap (en) | ['vɛnˌskap] |

| compañero (m) | partner (en) | ['paːʈnər] |
| superior (m) | överordnad (en) | ['øːvərˌɔːɖnat] |
| colega (m, f) | kollega (en) | [kɔ'lʲeːga] |
| vecinos (pl) | grannar (pl) | ['granar] |

## 4. El cuerpo. La anatomía humana

| organismo (m) | organism (en) | [ɔrga'nism] |
| cuerpo (m) | kropp (en) | ['krɔp] |
| corazón (m) | hjärta (ett) | ['jæːʈa] |

| | | |
|---|---|---|
| sangre (f) | blod (ett) | ['blʲʊd] |
| cerebro (m) | hjärna (en) | ['jæ:ɳa] |
| nervio (m) | nerv (en) | ['nɛrv] |
| hueso (m) | ben (ett) | ['be:n] |
| esqueleto (m) | skelett (ett) | [ske'lʲet] |
| columna (f) vertebral | ryggrad (en) | ['rʏgˌrad] |
| costilla (f) | revben (ett) | ['revˌbe:n] |
| cráneo (m) | skalle (en) | ['skalʲe] |
| músculo (m) | muskel (en) | ['muskəlʲ] |
| pulmones (m pl) | lungor (pl) | ['lʉŋʊr] |
| piel (f) | hud (en) | ['hʉ:d] |
| cabeza (f) | huvud (ett) | ['hʉ:vʉd] |
| cara (f) | ansikte (ett) | ['ansiktə] |
| nariz (f) | näsa (en) | ['nɛ:sa] |
| frente (f) | panna (en) | ['pana] |
| mejilla (f) | kind (en) | ['ɕind] |
| boca (f) | mun (en) | ['mu:n] |
| lengua (f) | tunga (en) | ['tuŋa] |
| diente (m) | tand (en) | ['tand] |
| labios (m pl) | läppar (pl) | ['lʲɛpar] |
| mentón (m) | haka (en) | ['haka] |
| oreja (f) | öra (ett) | ['ø:ra] |
| cuello (m) | hals (en) | ['halʲs] |
| garganta (f) | strupe, hals (en) | ['strʉpə], ['halʲs] |
| ojo (m) | öga (ett) | ['ø:ga] |
| pupila (f) | pupill (en) | [pʉ'pilʲ] |
| ceja (f) | ögonbryn (ett) | ['ø:gɔnˌbryn] |
| pestaña (f) | ögonfrans (en) | ['ø:gɔnˌfrans] |
| pelo, cabello (m) | hår (pl) | ['ho:r] |
| peinado (m) | frisyr (en) | [fri'syr] |
| bigote (m) | mustasch (en) | [mʉ'sta:ʃ] |
| barba (f) | skägg (ett) | ['ɧɛg] |
| tener (~ la barba) | att ha | [at 'ha] |
| calvo (adj) | skallig | ['skalig] |
| mano (f) | hand (en) | ['hand] |
| brazo (m) | arm (en) | ['arm] |
| dedo (m) | finger (ett) | ['fiŋər] |
| uña (f) | nagel (en) | ['nagəlʲ] |
| palma (f) | handflata (en) | ['handˌflʲata] |
| hombro (m) | skuldra (en) | ['skʉlʲdra] |
| pierna (f) | ben (ett) | ['be:n] |
| planta (f) | fot (en) | ['fʊt] |
| rodilla (f) | knä (ett) | ['knɛ:] |
| talón (m) | häl (en) | ['hɛ:lʲ] |

| espalda (f) | rygg (en) | ['ryg] |
| cintura (f), talle (m) | midja (en) | ['midja] |
| lunar (m) | leverfläck (ett) | ['lʲevərˌflɛk] |
| marca (f) de nacimiento | födelsemärke (ett) | ['fø:dəlʲsəˌmæ:rkə] |

## 5. La medicina. Las drogas

| salud (f) | hälsa, sundhet (en) | ['hɛlʲsa], ['sundˌhet] |
| sano (adj) | frisk | ['frisk] |
| enfermedad (f) | sjukdom (en) | ['ɧuːkˌdom] |
| estar enfermo | att vara sjuk | [at 'vara 'ɧʉ:k] |
| enfermo (adj) | sjuk | ['ɧʉ:k] |

| resfriado (m) | förkylning (en) | [før'ɕylʲniŋ] |
| resfriarse (vr) | att bli förkyld | [at bli før'ɕylʲd] |
| angina (f) | halsfluss, angina (en) | ['halʲsˌflʉs], [aŋ'gina] |
| pulmonía (f) | lunginflammation (en) | ['lʉŋˌinflʲama'ɧʊn] |
| gripe (f) | influensa (en) | [inflʉ'ɛnsa] |

| resfriado (m) (coriza) | snuva (en) | ['snʉ:va] |
| tos (f) | hosta (en) | ['hʊsta] |
| toser (vi) | att hosta | [at 'hʊsta] |
| estornudar (vi) | att nysa | [at 'nysa] |

| insulto (m) | stroke (en), hjärnslag (ett) | ['stro:k], ['jæ:nˌslʲag] |

| ataque (m) cardiaco | infarkt (en) | [in'farkt] |
| alergia (f) | allergi (en) | [alʲer'gi] |
| asma (f) | astma (en) | ['astma] |
| diabetes (f) | diabetes (en) | [dia'betəs] |

| tumor (m) | tumör (en) | [tʉ'mø:r] |
| cáncer (m) | cancer (en) | ['kansər] |
| alcoholismo (m) | alkoholism (en) | [alʲkʊhɔ'lizm] |
| SIDA (m) | AIDS | ['ɛjds] |
| fiebre (f) | feber (en) | ['febər] |
| mareo (m) | sjösjuka (en) | ['ɧø:ˌɧʉ:ka] |

| moradura (f) | blåmärke (ett) | ['blʲo:ˌmæ:rkə] |
| chichón (m) | bula (en) | ['bʉ:lʲa] |
| cojear (vi) | att halta | [at 'halʲta] |
| dislocación (f) | vrickning (en) | ['vrikniŋ] |
| dislocar (vt) | att förvrida | [at før'vrida] |

| fractura (f) | brott (ett), fraktur (en) | ['brɔt], [frak'tʉ:r] |
| quemadura (f) | brännsår (ett) | ['brɛnˌso:r] |
| herida (f) | skada (en) | ['skada] |
| dolor (m) | värk, smärta (en) | ['væ:rk], ['smɛʈa] |
| dolor (m) de muelas | tandvärk (en) | ['tandˌvæ:rk] |
| sudar (vi) | att svettas | [at 'svɛtas] |

| | | |
|---|---|---|
| sordo (adj) | döv | ['dø:v] |
| mudo (adj) | stum | ['stu:m] |

| | | |
|---|---|---|
| inmunidad (f) | immunitet (en) | [imʉni'te:t] |
| virus (m) | virus (ett) | ['vi:rʉs] |
| microbio (m) | mikrob (en) | [mi'krɔb] |
| bacteria (f) | bakterie (en) | [bak'teriə] |
| infección (f) | infektion (en) | [infɛk'ɧʊn] |

| | | |
|---|---|---|
| hospital (m) | sjukhus (ett) | ['ɧʉ:kˌhʉs] |
| cura (f) | kur (en) | ['kʉ:r] |
| vacunar (vt) | att vaksinera | [at vaksi'nera] |
| estar en coma | att ligga i koma | [at 'liga i 'koma] |
| revitalización (f) | intensivavdelning (en) | [intɛn'siv‚av'dɛlʲniŋ] |
| síntoma (m) | symptom (ett) | [sʏmp'tɔm] |
| pulso (m) | puls (en) | ['pulʲs] |

## 6.  Los sentimientos. Las emociones

| | | |
|---|---|---|
| yo | jag | ['ja:] |
| tú | du | [dʉ:] |
| él | han | ['han] |
| ella | hon | ['hʊn] |
| ello | det, den | [dɛ], [dɛn] |

| | | |
|---|---|---|
| nosotros, -as | vi | ['vi] |
| vosotros, -as | ni | ['ni] |
| ellos, ellas | de | [de:] |

| | | |
|---|---|---|
| ¡Hola! (fam.) | Hej! | ['hɛj] |
| ¡Hola! (form.) | Hej! Hallå! | ['hɛj], [ha'lʲo:] |
| ¡Buenos días! | God morgon! | [ˌgʊd 'mɔrgɔn] |
| ¡Buenas tardes! | God dag! | [ˌgʊd 'dag] |
| ¡Buenas noches! | God kväll! | [ˌgʊd 'kvɛlʲ] |

| | | |
|---|---|---|
| decir hola | att hälsa | [at 'hɛlʲsa] |
| saludar (vt) | att hälsa | [at 'hɛlʲsa] |
| ¿Cómo estáis? | Hur står det till? | [hʉr sto: de 'tilʲ] |
| ¿Cómo estás? | Hur är det? | [hʉr ɛr 'de:] |
| ¡Hasta la vista! (form.) | Adjö! Hej då! | [a'jø:], [hɛj'do:] |
| ¡Hasta la vista! (fam.) | Hej då! | [hɛj'do:] |
| ¡Gracias! | Tack! | ['tak] |

| | | |
|---|---|---|
| sentimientos (m pl) | känslor (pl) | ['ɕɛnslʲʊr] |
| tener hambre | att vara hungrig | [at 'vara 'huŋrig] |
| tener sed | att vara törstig | [at 'vara 'tø:ʂtig] |
| cansado (adj) | trött | ['trœt] |

| | | |
|---|---|---|
| inquietarse (vr) | att bekymra sig | [at be'ɕymra sɛj] |
| estar nervioso | att vara nervös | [at 'vara nɛr'vø:s] |

| | | |
|---|---|---|
| esperanza (f) | hopp (ett) | ['hɔp] |
| esperar (tener esperanza) | att hoppas | [at 'hɔpas] |
| | | |
| carácter (m) | karaktär (en) | [karak'tæːr] |
| modesto (adj) | blygsam | ['blʲygsam] |
| perezoso (adj) | lat | ['lʲat] |
| generoso (adj) | generös | [ɧene'røːs] |
| talentoso (adj) | talangfull | [ta'lʲaŋˌfulʲ] |
| | | |
| honesto (adj) | ärlig | ['æːɭig] |
| serio (adj) | allvarlig | [alʲ'vaːɭig] |
| tímido (adj) | blyg | ['blʲyg] |
| sincero (adj) | uppriktig | ['upˌriktig] |
| cobarde (m) | ynkrygg (en) | ['yŋkrɤg] |
| | | |
| dormir (vi) | att sova | [at 'sɔva] |
| sueño (m) (dulces ~s) | dröm (en) | ['drɔːm] |
| cama (f) | säng (en) | ['sɛŋ] |
| almohada (f) | kudde (en) | ['kudə] |
| | | |
| insomnio (m) | sömnlöshet (en) | ['sœmnlʲøsˌhet] |
| irse a la cama | att gå till sängs | [at 'goː tilʲ 'sɛŋs] |
| pesadilla (f) | mardröm (en) | ['maːdˌrøm] |
| despertador (m) | väckarklocka (en) | ['vɛkarˌklʲɔka] |
| | | |
| sonrisa (f) | leende (ett) | ['lʲeəndə] |
| sonreír (vi) | att småle | [at 'smoːlʲe] |
| reírse (vr) | att skratta | [at 'skrata] |
| | | |
| disputa (f), riña (f) | gräl (ett) | ['grɛːlʲ] |
| insulto (m) | förolämpning (en) | [førʊ'lʲɛmpniŋ] |
| ofensa (f) | förnärmelse (en) | [fœː'næːrməlʲsə] |
| enfadado (adj) | arg, vred | [arj], ['vred] |

## 7. La ropa. Accesorios personales

| | | |
|---|---|---|
| ropa (f) | kläder (pl) | ['klʲɛːdər] |
| abrigo (m) | rock, kappa (en) | ['rɔk], ['kapa] |
| abrigo (m) de piel | päls (en) | ['pɛlʲs] |
| cazadora (f) | jacka (en) | ['jaka] |
| impermeable (m) | regnrock (en) | ['rɛgnˌrɔk] |
| camisa (f) | skjorta (en) | ['ɧuːʈa] |
| pantalones (m pl) | byxor (pl) | ['byksʊr] |
| chaqueta (f), saco (m) | kavaj (en) | [ka'vaj] |
| traje (m) | kostym (en) | [kɔs'tym] |
| | | |
| vestido (m) | klänning (en) | ['klʲɛniŋ] |
| falda (f) | kjol (en) | ['ɕøːlʲ] |
| camiseta (f) (T-shirt) | T-shirt (en) | ['tiːˌʃɔːt] |
| bata (f) de baño | morgonrock (en) | ['mɔrgɔnˌrɔk] |

| | | |
|---|---|---|
| pijama (m) | **pyjamas (en)** | [py'jamas] |
| ropa (f) de trabajo | **arbetskläder (pl)** | ['arbets,kl'ε:dər] |
| | | |
| ropa (f) interior | **underkläder (pl)** | ['undə,kl'ε:dər] |
| calcetines (m pl) | **sockor (pl)** | ['sɔkʊr] |
| sostén (m) | **behå (en)** | [be'ho:] |
| pantimedias (f pl) | **strumpbyxor (pl)** | ['strump,byksʊr] |
| medias (f pl) | **strumpor (pl)** | ['strumpʊr] |
| traje (m) de baño | **baddräkt (en)** | ['bad,drεkt] |
| | | |
| gorro (m) | **hatt (en)** | ['hat] |
| calzado (m) | **skodon (pl)** | ['skʊdʊn] |
| botas (f pl) altas | **stövlar (pl)** | ['støvl'ar] |
| tacón (m) | **klack (en)** | ['kl'ak] |
| cordón (m) | **skosnöre (ett)** | ['skʊ,snø:rə] |
| betún (m) | **skokräm (en)** | ['skʊ,krεm] |
| | | |
| algodón (m) | **bomull (en)** | ['bʊ,mul'] |
| lana (f) | **ull (en)** | ['ul'] |
| piel (f) (~ de zorro, etc.) | **päls (en)** | ['pεl's] |
| | | |
| guantes (m pl) | **handskar (pl)** | ['hanskar] |
| manoplas (f pl) | **vantar (pl)** | ['vantar] |
| bufanda (f) | **halsduk (en)** | ['hal's,dʉ:k] |
| gafas (f pl) | **glasögon (pl)** | ['gl'as,ø:gon] |
| paraguas (m) | **paraply (ett)** | [para'pl'y] |
| | | |
| corbata (f) | **slips (en)** | ['slips] |
| moquero (m) | **näsduk (en)** | ['nεs,dʉk] |
| peine (m) | **kam (en)** | ['kam] |
| cepillo (m) de pelo | **hårborste (en)** | ['ho:r,bo:ṣtə] |
| hebilla (f) | **spänne (ett)** | ['spεnə] |
| cinturón (m) | **bälte (ett)** | ['bεl'tə] |
| bolso (m) | **damväska (en)** | ['dam,vεska] |
| | | |
| cuello (m) | **krage (en)** | ['kragə] |
| bolsillo (m) | **ficka (en)** | ['fika] |
| manga (f) | **ärm (en)** | ['æ:rm] |
| bragueta (f) | **gylf (en)** | ['gyl'f] |
| | | |
| cremallera (f) | **blixtlås (ett)** | ['blikst,l'o:s] |
| botón (m) | **knapp (en)** | ['knap] |
| ensuciarse (vr) | **att smutsa ned sig** | [at 'smutsa ned sεj] |
| mancha (f) | **fläck (en)** | ['fl'εk] |

## 8. La ciudad. Las instituciones urbanas

| | | |
|---|---|---|
| tienda (f) | **affär, butik (en)** | [a'fæ:r], [bu'tik] |
| centro (m) comercial | **köpcenter (ett)** | ['ɕø:p,sεntεr] |
| supermercado (m) | **snabbköp (ett)** | ['snab,ɕø:p] |

| | | |
|---|---|---|
| zapatería (f) | skoaffär (en) | ['sku:a̩fæ:r] |
| librería (f) | bokhandel (en) | ['bʊk̩handəlʲ] |
| | | |
| farmacia (f) | apotek (ett) | [apʊ'tek] |
| panadería (f) | bageri (ett) | [bage'ri:] |
| pastelería (f) | konditori (ett) | [kɔnditʊ'ri:] |
| tienda (f) de comestibles | speceriaffär (en) | [spese'ri a'fæ:r] |
| carnicería (f) | slaktare butik (en) | ['slʲaktarə bu'tik] |
| verdulería (f) | grönsakshandel (en) | ['grø:nsaks̩handəlʲ] |
| mercado (m) | marknad (en) | ['marknad] |
| | | |
| peluquería (f) | frisersalong (en) | ['frisər ṣa̩lʲɔŋ] |
| oficina (f) de correos | post (en) | ['pɔst] |
| tintorería (f) | kemtvätt (en) | ['ɕemtvæt] |
| circo (m) | cirkus (en) | ['sirkʉs] |
| zoológico (m) | zoo (ett) | ['sʊ:] |
| teatro (m) | teater (en) | [te'atər] |
| cine (m) | biograf (en) | [biʊ'graf] |
| museo (m) | museum (ett) | [mʉ'seum] |
| biblioteca (f) | bibliotek (ett) | [bibliʊ'tek] |
| | | |
| mezquita (f) | moské (en) | [mʊs'ke:] |
| sinagoga (f) | synagoga (en) | ['syna̩gɔga] |
| catedral (f) | katedral (en) | [katɛ'dralʲ] |
| templo (m) | tempel (ett) | ['tɛmpəlʲ] |
| iglesia (f) | kyrka (en) | ['ɕyrka] |
| | | |
| instituto (m) | institut (ett) | [insti'tʉt] |
| universidad (f) | universitet (ett) | [univɛṣi'tet] |
| escuela (f) | skola (en) | ['skʊlʲa] |
| | | |
| hotel (m) | hotell (ett) | [hʊ'tɛlʲ] |
| banco (m) | bank (en) | ['baŋk] |
| embajada (f) | ambassad (en) | [amba'sad] |
| agencia (f) de viajes | resebyrå (en) | ['reseby̩rɔ:] |
| | | |
| metro (m) | tunnelbana (en) | ['tunəlʲ̩bana] |
| hospital (m) | sjukhus (ett) | ['ɧʉ:k̩hʉs] |
| gasolinera (f) | bensinstation (en) | [bɛn'sin̩sta'ɧʊn] |
| aparcamiento (m) | parkeringsplats (en) | [par'keriŋṣ̩plʲats] |
| | | |
| ENTRADA | INGÅNG | ['in̩gɔŋ] |
| SALIDA | UTGÅNG | ['ʉt̩gɔŋ] |
| EMPUJAR | TRYCK | ['trʏk] |
| TIRAR | DRAG | ['drag] |
| ABIERTO | ÖPPET | ['øpet] |
| CERRADO | STÄNGT | ['stɛŋt] |
| | | |
| monumento (m) | monument (ett) | [mɔnu'mɛnt] |
| fortaleza (f) | fästning (en) | ['fɛstniŋ] |
| palacio (m) | palats (ett) | [pa'lʲats] |
| medieval (adj) | medeltida | ['medəlʲ̩tida] |

| antiguo (adj) | gammal | ['gamalʲ] |
| nacional (adj) | nationell | [natʃʊ'nɛlʲ] |
| conocido (adj) | berömd | [be'rœmd] |

## 9. El dinero. Las finanzas

| dinero (m) | pengar (pl) | ['pɛŋar] |
| moneda (f) | mynt (ett) | ['mʏnt] |
| dólar (m) | dollar (en) | ['dɔlʲar] |
| euro (m) | euro (en) | ['ɛvrɔ] |

| cajero (m) automático | bankomat (en) | [baŋkʊ'mat] |
| oficina (f) de cambio | växelkontor (ett) | ['vɛksəlʲ kɔn'tʊr] |
| curso (m) | kurs (en) | ['kuːʂ] |
| dinero (m) en efectivo | kontanter (pl) | [kɔn'tantər] |
| ¿Cuánto? | Hur mycket? | [hʉr 'mʏkə] |
| pagar (vi, vt) | att betala | [at be'talʲa] |
| pago (m) | betalning (en) | [be'talʲniŋ] |
| cambio (m) (devolver el ~) | växel (en) | ['vɛksəlʲ] |

| precio (m) | pris (ett) | ['pris] |
| descuento (m) | rabatt (en) | [ra'bat] |
| barato (adj) | billig | ['bilig] |
| caro (adj) | dyr | ['dyr] |

| banco (m) | bank (en) | ['baŋk] |
| cuenta (f) | konto (ett) | ['kɔntʊ] |
| tarjeta (f) de crédito | kreditkort (ett) | [kre'dit‚kɔːt] |
| cheque (m) | check (en) | ['ɕɛk] |
| sacar un cheque | att skriva en check | [at 'skriva en 'ɕɛk] |
| talonario (m) | checkbok (en) | ['ɕɛk‚bʊk] |

| deuda (f) | skuld (en) | ['skʉlʲd] |
| deudor (m) | gäldenär (en) | [jɛlʲdɛ'næːr] |
| prestar (vt) | att låna ut | [at 'lʲoːna ʉt] |
| tomar prestado | att låna | [at 'lʲoːna] |

| alquilar (vt) | att hyra | [at 'hyra] |
| a crédito (adv) | på kredit | [pɔ kre'dit] |
| cartera (f) | plånbok (en) | ['plʲoːn‚bʊk] |
| caja (f) fuerte | säkerhetsskåp (ett) | ['sɛːkərhets‚skoːp] |
| herencia (f) | arv (ett) | ['arv] |
| fortuna (f) | förmögenhet (en) | [før'møgən‚het] |

| impuesto (m) | skatt (en) | ['skat] |
| multa (f) | bot (en) | ['bʊt] |
| multar (vt) | att bötfälla | [at 'bøt‚fɛlʲa] |

| al por mayor (adj) | grossist-, engros- | [grɔ'sist-], [ɛn'gro-] |
| al por menor (adj) | detalj- | [de'talj-] |

| | | |
|---|---|---|
| asegurar (vt) | **att försäkra** | [at fœːˈṣɛkra] |
| seguro (m) | **försäkring (en)** | [fœːˈṣɛkriŋ] |
| | | |
| capital (m) | **kapital (ett)** | [kapiˈtalʲ] |
| volumen (m) de negocio | **omsättning (en)** | [ˈɔmˌsætniŋ] |
| acción (f) | **aktie (en)** | [ˈaktsiə] |
| beneficio (m) | **vinst, förtjänst (en)** | [ˈvinst], [fœːˈɕɛːnst] |
| beneficioso (adj) | **fördelaktig** | [føːɖəlʲˈaktig] |
| | | |
| crisis (f) | **kris (en)** | [ˈkris] |
| bancarrota (f) | **konkurs (en)** | [kɔŋˈkuːṣ] |
| ir a la bancarrota | **att göra konkurs** | [at ˈjøːra kɔŋˈkuːṣ] |
| | | |
| contable (m) | **bokförare (en)** | [ˈbʊkˌføːrarə] |
| salario (m) | **lön (en)** | [ˈlʲøːn] |
| premio (m) | **bonus, premie (en)** | [ˈbʊnus], [ˈpremiə] |

## 10. El transporte

| | | |
|---|---|---|
| autobús (m) | **buss (en)** | [ˈbus] |
| tranvía (m) | **spårvagn (en)** | [ˈspoːrˌvagn] |
| trolebús (m) | **trådbuss (en)** | [ˈtroːdˌbus] |
| | | |
| ir en … | **att åka med …** | [at ˈoːka me …] |
| tomar (~ el autobús) | **att stiga på …** | [at ˈstiga pɔ …] |
| bajar (~ del tren) | **att stiga av …** | [at ˈstiga ˈav …] |
| | | |
| parada (f) | **hållplats (en)** | [ˈhoːlʲˌplats] |
| parada (f) final | **slutstation (en)** | [ˈslʲutˌstaˈɧʊn] |
| horario (m) | **tidtabell (en)** | [ˈtid taˈbɛlʲ] |
| billete (m) | **biljett (en)** | [biˈlʲet] |
| llegar tarde (vi) | **att komma för sent** | [at ˈkɔma før ˈsɛnt] |
| | | |
| taxi (m) | **taxi (en)** | [ˈtaksi] |
| en taxi | **med taxi** | [me ˈtaksi] |
| parada (f) de taxi | **taxihållplats (en)** | [ˈtaksi ˈhoːlʲˌplʲats] |
| | | |
| tráfico (m) | **trafik (en)** | [traˈfik] |
| horas (f pl) de punta | **rusningstid (en)** | [ˈrusniŋsˌtid] |
| aparcar (vi) | **att parkera** | [at parˈkera] |
| | | |
| metro (m) | **tunnelbana (en)** | [ˈtunəlʲˌbana] |
| estación (f) | **station (en)** | [staˈɧʊn] |
| tren (m) | **tåg (ett)** | [ˈtoːg] |
| estación (f) | **tågstation (en)** | [ˈtoːgˌstaˈɧʊn] |
| rieles (m pl) | **räls, rälsar (pl)** | [ˈrɛlʲs], [ˈrɛlʲsar] |
| compartimiento (m) | **kupé (en)** | [kuˈpeː] |
| litera (f) | **slaf, säng (en)** | [ˈslaf], [ˈsɛŋ] |
| avión (m) | **flygplan (ett)** | [ˈflʲygplʲan] |
| billete (m) de avión | **flygbiljett (en)** | [ˈflʲyg biˌlʲet] |

| compañía (f) aérea | flygbolag (ett) | ['flʲyɡˌbʊlʲaɡ] |
| aeropuerto (m) | flygplats (en) | ['flʲyɡˌplʲats] |

| vuelo (m) | flygning (en) | ['flʲyɡnɪŋ] |
| equipaje (m) | bagage (ett) | [ba'ɡa:ʃ] |
| carrito (m) de equipaje | bagagevagn (en) | [ba'ɡa:ʃ ˌvaɡn] |

| barco, buque (m) | skepp (ett) | ['ɧɛp] |
| trasatlántico (m) | kryssningfartyg (ett) | ['krysnɪŋˌfa:'tyɡ] |
| yate (m) | jakt (en) | ['jakt] |
| bote (m) de remo | båt (en) | ['bo:t] |

| capitán (m) | kapten (en) | [kap'ten] |
| camarote (m) | hytt (en) | ['hʏt] |
| puerto (m) | hamn (en) | ['hamn] |

| bicicleta (f) | cykel (en) | ['sykəlʲ] |
| scooter (m) | scooter (en) | ['sku:tər] |
| motocicleta (f) | motorcykel (en) | ['mʊtʊrˌsykəlʲ] |
| pedal (m) | pedal (en) | [pe'dalʲ] |
| bomba (f) | pump (en) | ['pump] |
| rueda (f) | hjul (ett) | ['jʉ:lʲ] |

| coche (m) | bil (en) | ['bilʲ] |
| ambulancia (f) | ambulans (en) | [ambʉ'lʲans] |
| camión (m) | lastbil (en) | ['lʲastˌbilʲ] |
| de ocasión (adj) | begagnad | [be'ɡaɡnad] |
| accidente (m) | bilolycka (en) | ['bilʲ ʊ:'lʲyka] |
| reparación (f) | reparation (en) | [repara'ɧʊn] |

## 11. La comida. Unidad 1

| carne (f) | kött (ett) | ['ɕœt] |
| gallina (f) | höna (en) | ['hø:na] |
| pato (m) | anka (en) | ['aŋka] |

| carne (f) de cerdo | fläsk (ett) | ['flʲɛsk] |
| carne (f) de ternera | kalvkött (en) | ['kalʲvˌɕœt] |
| carne (f) de carnero | lammkött (ett) | ['lʲamˌɕœt] |
| carne (f) de vaca | oxkött, nötkött (ett) | ['ʊksˌɕœt], ['nø:tˌɕœt] |

| salchichón (m) | korv (en) | ['kɔrv] |
| huevo (m) | ägg (ett) | ['ɛɡ] |
| pescado (m) | fisk (en) | ['fisk] |
| queso (m) | ost (en) | ['ʊst] |
| azúcar (m) | socker (ett) | ['sɔkər] |
| sal (f) | salt (ett) | ['salʲt] |
| arroz (m) | ris (ett) | ['ris] |
| macarrones (m pl) | pasta (en), | ['pasta], |
| | makaroner (pl) | [maka'rʊnər] |

| | | |
|---|---|---|
| mantequilla (f) | smör (ett) | ['smœ:r] |
| aceite (m) vegetal | vegetabilisk olja (en) | [vegeta'bilisk 'ɔlja] |
| pan (m) | bröd (ett) | ['brø:d] |
| chocolate (m) | choklad (en) | [ʃɔk'lʲad] |
| | | |
| vino (m) | vin (ett) | ['vin] |
| café (m) | kaffe (ett) | ['kafə] |
| leche (f) | mjölk (en) | ['mjœlʲk] |
| zumo (m), jugo (m) | juice (en) | ['ju:s] |
| cerveza (f) | öl (ett) | ['ø:lʲ] |
| té (m) | te (ett) | ['te:] |
| | | |
| tomate (m) | tomat (en) | [tʊ'mat] |
| pepino (m) | gurka (en) | ['gurka] |
| zanahoria (f) | morot (en) | ['mʊˌrʊt] |
| patata (f) | potatis (en) | [pʊ'tatis] |
| cebolla (f) | lök (en) | ['lʲø:k] |
| ajo (m) | vitlök (en) | ['vitˌlʲø:k] |
| | | |
| col (f) | kål (en) | ['ko:lʲ] |
| remolacha (f) | rödbeta (en) | ['rø:dˌbeta] |
| berenjena (f) | aubergine (en) | [ɔbɛr'ʒin] |
| eneldo (m) | dill (en) | ['dilʲ] |
| lechuga (f) | sallad (en) | ['salʲad] |
| maíz (m) | majs (en) | ['majs] |
| | | |
| fruto (m) | frukt (en) | ['frʉkt] |
| manzana (f) | äpple (ett) | ['ɛplʲe] |
| pera (f) | päron (ett) | ['pæ:rɔn] |
| limón (m) | citron (en) | [si'trʊn] |
| naranja (f) | apelsin (en) | [apɛlʲ'sin] |
| fresa (f) | jordgubbe (en) | ['ju:dˌgubə] |
| | | |
| ciruela (f) | plommon (ett) | ['plʲʊmɔn] |
| frambuesa (f) | hallon (ett) | ['halʲɔn] |
| piña (f) | ananas (en) | ['ananas] |
| banana (f) | banan (en) | ['banan] |
| sandía (f) | vattenmelon (en) | ['vatənˌme'lʲʊn] |
| uva (f) | druva (en) | ['drʉ:va] |
| melón (m) | melon (en) | [me'lʲʊn] |

## 12. La comida. Unidad 2

| | | |
|---|---|---|
| cocina (f) | kök (ett) | ['ɕø:k] |
| receta (f) | recept (ett) | [re'sɛpt] |
| comida (f) | mat (en) | ['mat] |
| | | |
| desayunar (vi) | att äta frukost | [at 'ɛ:ta 'frʉ:kɔst] |
| almorzar (vi) | att äta lunch | [at 'ɛ:ta ˌlʉnɕ] |
| cenar (vi) | att äta kvällsmat | [at 'ɛ:ta 'kvɛlʲsˌmat] |

| sabor (m) | smak (en) | ['smak] |
| sabroso (adj) | läcker | ['lɪɛkər] |
| frío (adj) | kall | ['kalʲ] |
| caliente (adj) | het, varm | ['het], ['varm] |
| azucarado, dulce (adj) | söt | ['søːt] |
| salado (adj) | salt | ['salʲt] |

| bocadillo (m) | smörgås (en) | ['smœrˌgoːs] |
| guarnición (f) | tillbehör (ett) | ['tilʲbeˌhør] |
| relleno (m) | fyllning (en) | ['fylʲniŋ] |
| salsa (f) | sås (en) | ['soːs] |
| pedazo (m) | bit (en) | ['bit] |

| dieta (f) | diet (en) | [di'et] |
| vitamina (f) | vitamin (ett) | [vita'min] |
| caloría (f) | kalori (en) | [kalʲɔ'riː] |
| vegetariano (m) | vegetarian (en) | [vegetiri'an] |

| restaurante (m) | restaurang (en) | [rɛstɔ'raŋ] |
| cafetería (f) | kafé (ett) | [ka'feː] |
| apetito (m) | aptit (en) | ['aptit] |
| ¡Que aproveche! | Smaklig måltid! | ['smaklig 'moːlʲtid] |

| camarero (m) | servitör (en) | [sɛrvi'tøːr] |
| camarera (f) | servitris (en) | [sɛrvi'tris] |
| barman (m) | bartender (en) | ['baːˌtɛndər] |
| carta (f), menú (m) | meny (en) | [me'ny] |

| cuchara (f) | sked (en) | ['ɧed] |
| cuchillo (m) | kniv (en) | ['kniv] |
| tenedor (m) | gaffel (en) | ['gafəlʲ] |
| taza (f) | kopp (en) | ['kop] |

| plato (m) | tallrik (en) | ['talʲrik] |
| platillo (m) | tefat (ett) | ['teˌfat] |
| servilleta (f) | servett (en) | [sɛr'vɛt] |
| mondadientes (m) | tandpetare (en) | ['tandˌpetarə] |

| pedir (vt) | att beställa | [at be'stɛlʲa] |
| plato (m) | rätt (en) | ['ræt] |
| porción (f) | portion (en) | [pɔːʈ'ɧʊn] |
| entremés (m) | förrätt (en) | ['fœːræt] |

| ensalada (f) | sallad (en) | ['salʲad] |
| sopa (f) | soppa (en) | ['sɔpa] |

| postre (m) | dessert (en) | [dɛ'sɛːr] |
| confitura (f) | sylt (en) | ['sylʲt] |
| helado (m) | glass (en) | ['glʲas] |
| cuenta (f) | nota (en) | ['nʊta] |
| pagar la cuenta | att betala notan | [at be'talʲa 'nʊtan] |
| propina (f) | dricks (en) | ['driks] |

## 13. La casa. El apartamento. Unidad 1

| | | |
|---|---|---|
| casa (f) | hus (ett) | ['hʉs] |
| casa (f) de campo | fritidshus (ett) | ['fritids,hʉs] |
| villa (f) | villa (en) | ['vilʲa] |
| piso (m), planta (f) | våning (en) | ['voːniŋ] |
| entrada (f) | ingång (en) | ['in,gɔŋ] |
| pared (f) | mur, vägg (en) | ['mʉːr], [vɛg] |
| techo (m) | tak (ett) | ['tak] |
| chimenea (f) | skorsten (en) | ['skɔːˌsten] |
| desván (m) | vind, vindsvåning (en) | ['vind], ['vindsˌvoːniŋ] |
| ventana (f) | fönster (ett) | ['fœnstər] |
| alféizar (m) | fönsterbleck (ett) | ['fœnstərˌblʲek] |
| balcón (m) | balkong (en) | [balʲˈkɔŋ] |
| escalera (f) | trappa (en) | ['trapa] |
| buzón (m) | brevlåda (en) | ['brevˌlʲoːda] |
| contenedor (m) de basura | soptunna (en) | ['sʉpˌtuna] |
| ascensor (m) | hiss (en) | ['his] |
| electricidad (f) | elektricitet (en) | [ɛlʲektrisiˈtet] |
| bombilla (f) | glödlampa (en) | ['glʲøːdˌlʲampa] |
| interruptor (m) | strömbrytare (en) | ['strøːmˌbrytarə] |
| enchufe (m) | eluttag (ett) | ['ɛlʲˌʉːtag] |
| fusible (m) | säkring (en) | ['sɛkriŋ] |
| puerta (f) | dörr (en) | ['dœr] |
| tirador (m) | dörrhandtag (ett) | ['dœrˌhantag] |
| llave (f) | nyckel (en) | ['nʏkəlʲ] |
| felpudo (m) | dörrmatta (en) | ['dœrˌmata] |
| cerradura (f) | dörrlås (ett) | ['dœrˌlʲoːs] |
| timbre (m) | ringklocka (en) | ['riŋˌklʲɔka] |
| toque (m) a la puerta | knackning (en) | ['knakniŋ] |
| tocar la puerta | att knacka | [at 'knaka] |
| mirilla (f) | kikhål, titthål (ett) | ['kikˌhoːlʲ], ['titˌhoːlʲ] |
| patio (m) | gård (en) | ['goːɖ] |
| jardín (m) | trädgård (en) | ['trɛːgoːɖ] |
| piscina (f) | simbassäng (en) | ['simbaˌsɛŋ] |
| gimnasio (m) | gym (ett) | ['dʒym] |
| cancha (f) de tenis | tennisbana (en) | ['tɛnisˌbana] |
| garaje (m) | garage (ett) | [gaˈraʃ] |
| propiedad (f) privada | privategendom (en) | [priˈvat 'ɛgənˌdʊm] |
| letrero (m) de aviso | varningsskylt (en) | ['vaːniŋs ˌhylʲt] |
| seguridad (f) | säkerhet (en) | ['sɛːkərˌhet] |
| guardia (m) de seguridad | säkerhetsvakt (en) | ['sɛːkərhetsˌvakt] |
| renovación (f) | renovering (en) | [renʉˈveriŋ] |

| | | |
|---|---|---|
| renovar (vt) | att renovera | [at renʊ'vera] |
| poner en orden | att bringa ordning | [at 'brɪŋa 'ɔːɖnɪŋ] |
| pintar (las paredes) | att måla | [at 'mɔːlʲa] |
| empapelado (m) | tapet (en) | [ta'pet] |
| | | |
| cubrir con barniz | att lackera | [at lʲa'kera] |
| tubo (m) | rör (ett) | ['røːr] |
| instrumentos (m pl) | verktyg (pl) | ['vɛrkˌtyg] |
| sótano (m) | källare (en) | ['ɕɛlʲarə] |
| alcantarillado (m) | avlopp (ett) | ['avˌlʲɔp] |

## 14. La casa. El apartamento. Unidad 2

| | | |
|---|---|---|
| apartamento (m) | lägenhet (en) | ['lʲeːgənˌhet] |
| habitación (f) | rum (ett) | ['ruːm] |
| dormitorio (m) | sovrum (ett) | ['sɔvˌrum] |
| comedor (m) | matsal (en) | ['matsalʲ] |
| | | |
| salón (m) | vardagsrum (ett) | ['vaːɖasˌrum] |
| despacho (m) | arbetsrum (ett) | ['arbetsˌrum] |
| antecámara (f) | entréhall (en) | [ɛntre:halʲ] |
| cuarto (m) de baño | badrum (ett) | ['badˌruːm] |
| servicio (m) | toalett (en) | [tʊa'lʲet] |
| | | |
| suelo (m) | golv (ett) | ['gɔlʲv] |
| techo (m) | tak (ett) | ['tak] |
| | | |
| limpiar el polvo | att damma | [at 'dama] |
| aspirador (m), aspiradora (f) | dammsugare (en) | ['damˌsʉgarə] |
| limpiar con la aspiradora | att dammsuga | [at 'damˌsʉga] |
| | | |
| fregona (f) | mopp (en) | ['mɔp] |
| trapo (m) | trasa (en) | ['trasa] |
| escoba (f) | sopkvast (en) | ['sʊpˌkvast] |
| cogedor (m) | sopskyffel (en) | ['sʊpˌʃʏfəlʲ] |
| muebles (m pl) | möbel (en) | ['møːbəlʲ] |
| mesa (f) | bord (ett) | ['buːɖ] |
| silla (f) | stol (en) | ['stʊlʲ] |
| sillón (m) | fåtölj, länstol (en) | [fo:'tœlj], ['lʲɛnˌstʊlʲ] |
| | | |
| librería (f) | bokhylla (en) | ['bʊkˌhylʲa] |
| estante (m) | hylla (en) | ['hylʲa] |
| armario (m) | garderob (en) | [ga:də'rɔːb] |
| | | |
| espejo (m) | spegel (en) | ['spegəlʲ] |
| tapiz (m) | matta (en) | ['mata] |
| chimenea (f) | kamin (en), eldstad (ett) | [ka'min], ['ɛlʲdˌstad] |
| cortinas (f pl) | gardiner (pl) | [ga:'ɖinər] |
| lámpara (f) de mesa | bordslampa (en) | ['bʊːɖsˌlʲampa] |
| lámpara (f) de araña | ljuskrona (en) | ['jʉːsˌkrʊna] |

| cocina (f) | kök (ett) | ['çø:k] |
| cocina (f) de gas | gasspis (en) | ['gas͵spis] |
| cocina (f) eléctrica | elektrisk spis (en) | [ɛ'lʲelektrisk ͵spis] |
| horno (m) microondas | mikrovågsugn (en) | ['mikrʊvɔgs͵ugn] |

| frigorífico (m) | kylskåp (ett) | ['çylʲ͵sko:p] |
| congelador (m) | frys (en) | ['frys] |
| lavavajillas (m) | diskmaskin (en) | ['disk͵ma'ɧi:n] |
| grifo (m) | kran (en) | ['kran] |

| picadora (f) de carne | köttkvarn (en) | ['çœt͵kva:n] |
| exprimidor (m) | juicepress (en) | ['ju:s͵prɛs] |
| tostador (m) | brödrost (en) | ['brø:d͵rɔst] |
| batidora (f) | mixer (en) | ['miksər] |

| cafetera (f) (aparato de cocina) | kaffebryggare (en) | ['kafə͵bryɡarə] |
| hervidor (m) de agua | tekittel (en) | ['te͵çitəlʲ] |
| tetera (f) | tekanna (en) | ['te͵kana] |

| televisor (m) | teve (en) | ['teve] |
| vídeo (m) | video (en) | ['videʊ] |
| plancha (f) | strykjärn (ett) | ['strykjæ:n] |
| teléfono (m) | telefon (en) | [telʲe'fɔn] |

## 15. Los trabajos. El estatus social

| director (m) | direktör (en) | [dirɛk'tø:r] |
| superior (m) | överordnad (en) | ['ø:vər͵ɔ:dnat] |
| presidente (m) | president (en) | [prɛsi'dɛnt] |
| asistente (m) | assistent (en) | [asi'stɛnt] |
| secretario, -a (m, f) | sekreterare (en) | [sɛkrə'terarə] |

| propietario (m) | ägare (en) | ['ɛ:garə] |
| socio (m) | partner (en) | ['pa:ʈnər] |
| accionista (m) | aktieägare (en) | ['akʦiə͵ɛ:garə] |

| hombre (m) de negocios | affärsman (en) | [a'fæ:ʂ͵man] |
| millonario (m) | miljonär (en) | [miljʊ'næ:r] |
| multimillonario (m) | miljardär (en) | [milja:'ɖæ:r] |

| actor (m) | skådespelare (en) | ['sko:də͵spelʲarə] |
| arquitecto (m) | arkitekt (en) | [arki'tɛkt] |
| banquero (m) | bankir (en) | [baŋ'kir] |
| broker (m) | mäklare (en) | ['mɛklʲarə] |
| veterinario (m) | veterinär (en) | [vetəri'næ:r] |
| médico (m) | läkare (en) | ['lʲɛ:karə] |
| camarera (f) | städerska (en) | ['stɛ:dɛʂka] |
| diseñador (m) | designer (en) | [de'sajnər] |
| corresponsal (m) | korrespondent (en) | [kɔrɛspon'dɛnt] |

| | | |
|---|---|---|
| repartidor (m) | bud (en) | ['buː d] |
| electricista (m) | elektriker (en) | [ɛ'lˡektrikər] |
| músico (m) | musiker (en) | ['musikər] |
| niñera (f) | barnflicka (en) | ['baːn̩flika] |
| peluquero (m) | frisör (en) | [fri'søː r] |
| pastor (m) | herde (en) | ['hɛː də] |
| | | |
| cantante (m) | sångare (en) | ['sɔŋarə] |
| traductor (m) | översättare (en) | ['øːvəˌsætarə] |
| escritor (m) | författare (en) | [før'fatarə] |
| carpintero (m) | timmerman (en) | ['timərˌman] |
| cocinero (m) | kock (en) | ['kɔk] |
| | | |
| bombero (m) | brandman (en) | ['brandˌman] |
| policía (m) | polis (en) | [pʊ'lis] |
| cartero (m) | brevbärare (en) | ['brevˌbæːrarə] |
| programador (m) | programmerare (en) | [prɔgra'merarə] |
| vendedor (m) | försäljare (en) | [fœ:'ʂɛljarə] |
| | | |
| obrero (m) | arbetare (en) | ['arˌbetarə] |
| jardinero (m) | trädgårdsmästare (en) | ['trɛːgoːɖʂ 'mɛstarə] |
| fontanero (m) | rörmokare (en) | ['røːrˌmɔkarə] |
| dentista (m) | tandläkare (en) | ['tandˌlˡɛː karə] |
| azafata (f) | flygvärdinna (en) | ['flˡygˌvæː dina] |
| | | |
| bailarín (m) | dansör (en) | [dan'søː r] |
| guardaespaldas (m) | livvakt (en) | ['liːvˌvakt] |
| científico (m) | vetenskapsman (en) | ['vetənskapsˌman] |
| profesor (m) (~ de baile, etc.) | lärare (en) | ['lˡæː rarə] |
| | | |
| granjero (m) | lantbrukare, bonde (en) | ['lˡantˌbruːkarə], ['bʊndə] |
| cirujano (m) | kirurg (en) | [ɕi'rurg] |
| minero (m) | gruvarbetare (en) | ['gruːvˌar'betarə] |
| jefe (m) de cocina | kökschef (en) | ['ɕœksˌʃef] |
| chofer (m) | chaufför (en) | [ʃɔ'føː r] |

## 16. Los deportes

| | | |
|---|---|---|
| tipo (m) de deporte | idrottsgren (en) | ['idrɔtsˌgren] |
| fútbol (m) | fotboll (en) | ['fʊtbɔlˡ] |
| hockey (m) | ishockey (en) | ['isˌhɔki] |
| baloncesto (m) | basket (en) | ['basket] |
| béisbol (m) | baseboll (en) | ['bɛjsbɔlˡ] |
| | | |
| voleibol (m) | volleyboll (en) | ['vɔliˌbɔlˡ] |
| boxeo (m) | boxning (en) | ['bʊksniŋ] |
| lucha (f) | brottning (en) | ['brɔtniŋ] |
| tenis (m) | tennis (en) | ['tɛnis] |
| natación (f) | simning (en) | ['simniŋ] |

| ajedrez (m) | schack (ett) | ['ʂak] |
| carrera (f) | löpning (en) | ['lʲœpniŋ] |
| atletismo (m) | friidrott (en) | ['friː 'iˌdrɔt] |
| patinaje (m) artístico | konståkning (en) | ['kɔnˌstoːkniŋ] |
| ciclismo (m) | cykelsport (en) | ['sykəlʲˌspɔːt] |
| | | |
| billar (m) | biljard (en) | [biˈljaːd] |
| culturismo (m) | kroppsbyggande (ett) | ['krɔpsˌbygandə] |
| golf (m) | golf (en) | ['gɔlʲf] |
| buceo (m) | dykning (en) | ['dʏkniŋ] |
| vela (f) | segelsport (en) | ['segəlʲˌspɔːt] |
| tiro (m) con arco | bågskjutning (ett) | ['boːgˌɧʉːtniŋ] |
| | | |
| tiempo (m) | halvlek (en) | ['halʲvˌlʲek] |
| descanso (m) | halvtid (en) | ['halʲvˌtid] |
| empate (m) | oavgjort (ett) | [ʊːavˈjʊːt] |
| empatar (vi) | att spela oavgjort | [at 'spelʲa uːavˈjʊːt] |
| | | |
| cinta (f) de correr | löpband (ett) | ['lʲøːpˌband] |
| jugador (m) | spelare (en) | ['spelʲarə] |
| | | |
| reserva (m) | reserv, avbytare (en) | [reˈsɛrv], ['avˌbytarə] |
| banquillo (m) de reserva | reservbänk (en) | [reˈsɛrvˌbɛŋk] |
| | | |
| match (m) | match (en) | ['matʃ] |
| puerta (f) | mål (ett) | ['moːlʲ] |
| | | |
| portero (m) | målvakt (en) | ['moːlʲˌvakt] |
| gol (m) | mål (ett) | ['moːlʲ] |
| | | |
| Juegos (m pl) Olímpicos | de olympiska spelen | [de ʊ'limpiska 'spelʲən] |
| establecer un record | att sätta rekord | [at 'sæta reˈkɔːd] |
| final (m) | final (en) | [fiˈnalʲ] |
| | | |
| campeón (m) | mästare (en) | ['mɛstarə] |
| campeonato (m) | mästerskap (ett) | ['mɛstəˌskap] |
| | | |
| vencedor (m) | segrare (en) | ['sɛgˌrarə] |
| victoria (f) | seger (en) | ['segər] |
| ganar (vi) | att vinna | [at 'vina] |
| | | |
| perder (vi) | att förlora | [at fœːˈlʲʊra] |
| medalla (f) | medalj (en) | [meˈdalj] |
| | | |
| primer puesto (m) | förstaplats (en) | ['fœːʂta plʲats] |
| segundo puesto (m) | andraplats (en) | ['andraˌplʲats] |
| tercer puesto (m) | tredjeplats (en) | ['trɛdjəˌplʲats] |
| | | |
| estadio (m) | stadion (ett) | ['stadiʊn] |
| hincha (m) | fan (ett) | ['fan] |
| entrenador (m) | tränare (en) | ['trɛːnarə] |
| entrenamiento (m) | träning (en) | ['trɛːniŋ] |

## 17. Los idiomas extranjeros. La ortografía

| | | |
|---|---|---|
| lengua (f) | språk (ett) | ['spro:k] |
| estudiar (vt) | att studera | [at stu'dera] |
| pronunciación (f) | uttal (ett) | ['ʉtˌtalʲ] |
| acento (m) | brytning (en) | ['brʏtniŋ] |
| | | |
| sustantivo (m) | substantiv (ett) | ['substanˌtiv] |
| adjetivo (m) | adjektiv (ett) | ['adjɛkˌtiv] |
| verbo (m) | verb (ett) | ['vɛrb] |
| adverbio (m) | adverb (ett) | [ad'vɛrb] |
| | | |
| pronombre (m) | pronomen (ett) | [prʊ'nʊmən] |
| interjección (f) | interjektion (en) | [intɛrjɛk'ɧʉn] |
| preposición (f) | preposition (en) | [prepʉsi'ɧʉn] |
| | | |
| raíz (f), radical (m) | rot (en) | ['rʊt] |
| desinencia (f) | ändelse (en) | ['ɛndəlʲsə] |
| prefijo (m) | prefix (ett) | [prɛ'fiks] |
| sílaba (f) | stavelse (en) | ['stavəlʲsə] |
| sufijo (m) | suffix (ett) | [su'fi:ks] |
| | | |
| acento (m) | betoning (en) | [be'tʊniŋ] |
| punto (m) | punkt (en) | ['pʊŋkt] |
| coma (m) | komma (ett) | ['kɔma] |
| dos puntos (m pl) | kolon (ett) | [kʊ'lʲɔn] |
| puntos (m pl) suspensivos | tre punkter (pl) | [trɛ 'pʊŋktər] |
| | | |
| pregunta (f) | fråga (en) | ['fro:ga] |
| signo (m) de interrogación | frågetecken (ett) | ['fro:gəˌtɛkən] |
| signo (m) de admiración | utropstecken (ett) | ['ʉtrʊpsˌtɛkən] |
| | | |
| entre comillas | inom anföringstecken | ['inɔm an'fœriŋsˌtɛkən] |
| entre paréntesis | inom parentes | ['inɔm parɛn'tes] |
| letra (f) | bokstav (en) | ['bʊkstav] |
| letra (f) mayúscula | stor bokstav (en) | ['stʊr 'bʊkstav] |
| | | |
| oración (f) | mening, sats (en) | ['meniŋ], ['sats] |
| combinación (f) de palabras | ordkombination (en) | ['ʊːdˌkɔmbina'ɧʉn] |
| expresión (f) | uttryck (ett) | ['ʉtˌtrʏk] |
| | | |
| sujeto (m) | subjekt (ett) | [sub'jɛ:kt] |
| predicado (m) | predikat (ett) | [predi'kat] |
| línea (f) | rad (en) | ['rad] |
| párrafo (m) | stycke (ett) | ['stʏkə] |
| | | |
| sinónimo (m) | synonym (en) | [synɔ'nym] |
| antónimo (m) | antonym, motsats (en) | [antɔ'nʏm], ['mʊtsats] |
| excepción (f) | undantag (ett) | ['undanˌta:g] |
| subrayar (vt) | att understryka | [at 'undəˌstryka] |

| | | |
|---|---|---|
| reglas (f pl) | **regler** (pl) | ['rɛglʲər] |
| gramática (f) | **grammatik (en)** | [grama'tik] |
| vocabulario (m) | **ordförråd (ett)** | ['ʊːdfœːˌroːd] |
| fonética (f) | **fonetik (en)** | [fɔne'tik] |
| alfabeto (m) | **alfabet (ett)** | ['alʲfabet] |
| | | |
| manual (m) | **lärobok (en)** | ['lʲæːrʊˌbʊk] |
| diccionario (m) | **ordbok (en)** | ['ʊːdˌbʊk] |
| guía (f) de conversación | **parlör (en)** | [pa:'lʲøːr] |
| | | |
| palabra (f) | **ord (ett)** | ['ʊːd] |
| significado (m) | **betydelse (en)** | [be'tydəlʲsə] |
| memoria (f) | **minne (ett)** | ['minə] |

## 18. La Tierra. La geografía

| | | |
|---|---|---|
| Tierra (f) | **Jorden** | ['jʊːdən] |
| globo (m) terrestre | **jordklot (ett)** | ['jʊːdˌklʲʊt] |
| planeta (m) | **planet (en)** | [plʲa'net] |
| | | |
| geografía (f) | **geografi (en)** | [jeʊgra'fiː] |
| naturaleza (f) | **natur (en)** | [na'tʉːr] |
| mapa (m) | **karta (en)** | ['kaːʈa] |
| atlas (m) | **atlas (en)** | ['atlʲas] |
| | | |
| en el norte | **i norr** | [i 'nɔr] |
| en el sur | **i söder** | [i 'søːdər] |
| en el oeste | **i väst** | [i vɛst] |
| en el este | **i öst** | [i 'œst] |
| | | |
| mar (m) | **hav (ett)** | ['hav] |
| océano (m) | **ocean (en)** | [ʊsə'an] |
| golfo (m) | **bukt (en)** | ['bukt] |
| estrecho (m) | **sund (ett)** | ['sund] |
| | | |
| continente (m) | **fastland (ett),** | ['fastˌlʲand], |
| | **kontinent (en)** | [kɔnti'nɛnt] |
| isla (f) | **ö (en)** | ['øː] |
| península (f) | **halvö (en)** | ['halʲvˌøː] |
| archipiélago (m) | **skärgård, arkipelag (en)** | ['ʃæːrˌgoːd], [arkipe'lʲag] |
| | | |
| ensenada, bahía (f) | **hamn (en)** | ['hamn] |
| arrecife (m) de coral | **korallrev (ett)** | [kɔ'ralʲˌrev] |
| orilla (f) | **kust (en)** | ['kust] |
| costa (f) | **kust (en)** | ['kust] |
| | | |
| flujo (m) | **flod (en)** | ['flʲʊd] |
| reflujo (m) | **ebb (en)** | ['ɛb] |
| latitud (f) | **latitud (en)** | [lʲati'tʉːd] |
| longitud (f) | **longitud (en)** | [lʲɔnji'tʉːd] |

| | | |
|---|---|---|
| paralelo (m) | **breddgrad (en)** | ['brɛd‚grad] |
| ecuador (m) | **ekvator (en)** | [ɛ'kvatʊr] |
| | | |
| cielo (m) | **himmel (en)** | ['himəlʲ] |
| horizonte (m) | **horisont (en)** | [hʊri'sɔnt] |
| atmósfera (f) | **atmosfär (en)** | [atmʊ'sfæ:r] |
| | | |
| montaña (f) | **berg (ett)** | ['bɛrj] |
| cima (f) | **topp (en)** | ['tɔp] |
| roca (f) | **klippa (en)** | ['klipa] |
| colina (f) | **kulle, backe (en)** | ['kulʲə], ['bakə] |
| | | |
| volcán (m) | **vulkan (en)** | [vulʲ'kan] |
| glaciar (m) | **glaciär, jökel (en)** | [glʲas'jæ:r], ['jø:kəlʲ] |
| cascada (f) | **vattenfall (ett)** | ['vatən‚falʲ] |
| llanura (f) | **slätt (en)** | ['slʲæt] |
| | | |
| río (m) | **älv, flod (en)** | ['ɛlʲv], ['flʲʊd] |
| manantial (m) | **källa (en)** | ['ɕɛlʲa] |
| ribera (f) | **strand (en)** | ['strand] |
| río abajo (adv) | **nedströms** | ['nɛd‚strœms] |
| río arriba (adv) | **motströms** | ['mʊt‚strœms] |
| | | |
| lago (m) | **sjö (en)** | ['ʃø:] |
| presa (f) | **damm (en)** | ['dam] |
| canal (m) | **kanal (en)** | [ka'nalʲ] |
| pantano (m) | **myr, mosse (en)** | ['myr], ['mʊsə] |
| hielo (m) | **is (en)** | ['is] |

## 19. Los países. Unidad 1

| | | |
|---|---|---|
| Europa (f) | **Europa** | [eu'rʊpa] |
| Unión (f) Europea | **Europeiska unionen** | [eurʊ'peiska un'jʊnən] |
| europeo (m) | **europé (en)** | [eurʊ'pe:] |
| europeo (adj) | **europeisk** | [eurʊ'peisk] |
| | | |
| Austria (f) | **Österrike** | ['œstɛ‚rikə] |
| Gran Bretaña (f) | **Storbritannien** | ['stʊr‚bri'tanien] |
| Inglaterra (f) | **England** | ['ɛŋlʲand] |
| Bélgica (f) | **Belgien** | ['bɛlʲgiən] |
| Alemania (f) | **Tyskland** | ['tʏsklʲand] |
| | | |
| Países Bajos (m pl) | **Nederländerna** | ['nedɛ:‚lʲɛndɛ:ŋa] |
| Holanda (f) | **Holland** | ['hɔlʲand] |
| Grecia (f) | **Grekland** | ['greklʲand] |
| Dinamarca (f) | **Danmark** | ['daŋmark] |
| Irlanda (f) | **Irland** | ['ilʲand] |
| | | |
| Islandia (f) | **Island** | ['islʲand] |
| España (f) | **Spanien** | ['spaniən] |

| | | |
|---|---|---|
| Italia (f) | **Italien** | [i'taliən] |
| Chipre (m) | **Cypern** | ['sypɛ:n] |
| Malta (f) | **Malta** | ['malˡta] |
| | | |
| Noruega (f) | **Norge** | ['nɔrjə] |
| Portugal (m) | **Portugal** | ['pɔːʈugalˡ] |
| Finlandia (f) | **Finland** | ['finlˡand] |
| Francia (f) | **Frankrike** | ['fraŋkrikə] |
| Suecia (f) | **Sverige** | ['svɛrijə] |
| | | |
| Suiza (f) | **Schweiz** | ['ʃvɛjts] |
| Escocia (f) | **Skottland** | ['skɔtlˡand] |
| Vaticano (m) | **Vatikanstaten** | [vati'kan‚statən] |
| Liechtenstein (m) | **Liechtenstein** | ['lihtənstajn] |
| Luxemburgo (m) | **Luxemburg** | ['lʉksəm‚burj] |
| | | |
| Mónaco (m) | **Monaco** | ['mɔnakɔ] |
| Albania (f) | **Albanien** | [alˡ''baniən] |
| Bulgaria (f) | **Bulgarien** | [bʉlˡ''gariən] |
| Hungría (f) | **Ungern** | ['uŋɛ:n] |
| Letonia (f) | **Lettland** | ['lˡetlˡand] |
| | | |
| Lituania (f) | **Litauen** | [li'tauən] |
| Polonia (f) | **Polen** | ['pɔlˡen] |
| Rumania (f) | **Rumänien** | [rʉ'mɛ:niən] |
| Serbia (f) | **Serbien** | ['sɛrbiən] |
| Eslovaquia (f) | **Slovakien** | [slˡɔ'vakiən] |
| | | |
| Croacia (f) | **Kroatien** | [krʊ'atiən] |
| Chequia (f) | **Tjeckien** | ['ɕɛkiən] |
| Estonia (f) | **Estland** | ['ɛstlˡand] |
| Bosnia y Herzegovina | **Bosnien-Hercegovina** | ['bɔsniən hɛrsəgɔ'vina] |
| Macedonia | **Makedonien** | [make'dʊniən] |
| | | |
| Eslovenia | **Slovenien** | [slˡɔ'veniən] |
| Montenegro (m) | **Montenegro** | ['mɔntə‚nɛgrʊ] |
| Bielorrusia (f) | **Vitryssland** | ['vit‚rʏslˡand] |
| Moldavia (f) | **Moldavien** | [mʊlˡ''daviən] |
| Rusia (f) | **Ryssland** | ['rʏslˡand] |
| Ucrania (f) | **Ukraina** | [u'krajna] |

## 20. Los países. Unidad 2

| | | |
|---|---|---|
| Asia (f) | **Asien** | ['asiən] |
| Vietnam (m) | **Vietnam** | ['vjɛtnam] |
| India (f) | **Indien** | ['indiən] |
| Israel (m) | **Israel** | ['israelˡ] |
| China (f) | **Kina** | ['ɕina] |
| Líbano (m) | **Libanon** | ['libanɔn] |
| Mongolia (f) | **Mongoliet** | [mʊngʊ'liet] |

| | | |
|---|---|---|
| Malasia (f) | **Malaysia** | [maˈlʲajsia] |
| Pakistán (m) | **Pakistan** | [ˈpakiˌstan] |
| Arabia (f) Saudita | **Saudiarabien** | [ˈsaudi aˈrabiən] |
| | | |
| Tailandia (f) | **Thailand** | [ˈtajlʲand] |
| Taiwán (m) | **Taiwan** | [tajˈvan] |
| Turquía (f) | **Turkiet** | [turkiet] |
| Japón (m) | **Japan** | [ˈjapan] |
| Afganistán (m) | **Afghanistan** | [afˈganiˌstan] |
| | | |
| Bangladesh (m) | **Bangladesh** | [banglʲaˈdɛʃ] |
| Indonesia (f) | **Indonesien** | [indʊˈnesiən] |
| Jordania (f) | **Jordanien** | [jʊːˈdaniən] |
| Irak (m) | **Irak** | [iˈrak] |
| Irán (m) | **Iran** | [iˈran] |
| | | |
| Camboya (f) | **Kambodja** | [kamˈbɔdja] |
| Kuwait (m) | **Kuwait** | [kʉˈvajt] |
| Laos (m) | **Laos** | [ˈlʲaɔs] |
| Myanmar (m) | **Myanmar** | [ˈmjanmar] |
| Nepal (m) | **Nepal** | [neˈpalʲ] |
| Emiratos (m pl) Árabes Unidos | **Förenade arabrepubliken** | [føˈrenadə aˈrab repubˈlikən] |
| Siria (f) | **Syrien** | [ˈsyriən] |
| Palestina (f) | **Palestina** | [palʲeˈstina] |
| Corea (f) del Sur | **Sydkorea** | [ˈsydˌkʉˈrea] |
| Corea (f) del Norte | **Nordkorea** | [ˈnʊːd kʉˈrea] |
| | | |
| Estados Unidos de América | **Amerikas Förenta Stater** | [aˈmɛrikas føˈrɛnta ˈstatər] |
| Canadá (f) | **Kanada** | [ˈkanada] |
| Méjico (m) | **Mexiko** | [ˈmɛksikɔ] |
| Argentina (f) | **Argentina** | [argɛnˈtina] |
| Brasil (m) | **Brasilien** | [braˈsiliən] |
| | | |
| Colombia (f) | **Colombia** | [kɔˈlʲumbia] |
| Cuba (f) | **Kuba** | [ˈkʉːba] |
| Chile (m) | **Chile** | [ˈɕiːlʲe] |
| Venezuela (f) | **Venezuela** | [venesuˈɛlʲa] |
| Ecuador (m) | **Ecuador** | [ɛkvaˈdʊr] |
| | | |
| Islas (f pl) Bahamas | **Bahamas** | [baˈhamas] |
| Panamá (f) | **Panama** | [ˈpanama] |
| Egipto (m) | **Egypten** | [eˈjyptən] |
| Marruecos (m) | **Marocko** | [maˈrɔkʉ] |
| Túnez (m) | **Tunisien** | [tʉˈnisiən] |
| | | |
| Kenia (f) | **Kenya** | [ˈkenja] |
| Libia (f) | **Libyen** | [ˈlibiən] |
| República (f) Sudafricana | **Republiken Sydafrika** | [repuˈbliken ˈsydˌafrika] |
| Australia (f) | **Australien** | [auˈstraliən] |
| Nueva Zelanda (f) | **Nya Zeeland** | [ˈnya ˈseːlʲand] |

## 21. El tiempo. Los desastres naturales

| | | |
|---|---|---|
| tiempo (m) | väder (ett) | ['vɛːdər] |
| previsión (f) del tiempo | väderprognos (en) | ['vɛːdərˌprɔɡ'noːs] |
| temperatura (f) | temperatur (en) | [tɛmpəra'tʉːr] |
| termómetro (m) | termometer (en) | [tɛrmʊ'metər] |
| barómetro (m) | barometer (en) | [barʉ'metər] |
| | | |
| sol (m) | sol (en) | ['sʊlʲ] |
| brillar (vi) | att skina | [at 'ɧina] |
| soleado (un día ~) | solig | ['sʊlig] |
| elevarse (el sol) | att gå upp | [at 'ɡoː 'up] |
| ponerse (vr) | att gå ner | [at 'ɡoː ˌner] |
| | | |
| lluvia (f) | regn (ett) | ['rɛɡn] |
| está lloviendo | det regnar | [dɛ 'rɛɡnar] |
| aguacero (m) | hällande regn (ett) | ['hɛlʲandə 'rɛɡn] |
| nubarrón (m) | regnmoln (ett) | ['rɛɡnˌmɔlʲn] |
| charco (m) | pöl, vattenpuss (en) | ['pøːlʲ], ['vatənˌpus] |
| mojarse (vr) | att bli våt | [at bli 'voːt] |
| | | |
| tormenta (f) | åskväder (ett) | ['ɔskˌvɛdər] |
| relámpago (m) | blixt (en) | ['blikst] |
| relampaguear (vi) | att blixtra | [at 'blikstra] |
| trueno (m) | åska (en) | ['ɔska] |
| está tronando | det åskar | [dɛ 'ɔskar] |
| granizo (m) | hagel (ett) | ['haɡəlʲ] |
| está granizando | det haglar | [dɛ 'haɡlʲar] |
| | | |
| bochorno (m) | hetta (en) | ['hɛta] |
| hace mucho calor | det är hett | [dɛ æːr 'hɛt] |
| hace calor (templado) | det är varmt | [dɛ æːr varmt] |
| hace frío | det är kallt | [dɛ æːr 'kalʲt] |
| | | |
| niebla (f) | dimma (en) | ['dima] |
| nebuloso (adj) | dimmig | ['dimig] |
| nube (f) | moln (ett), sky (en) | ['mɔlʲn], ['ɧy] |
| nuboso (adj) | molnig | ['mɔlʲnig] |
| humedad (f) | fuktighet (en) | ['fuːktigˌhet] |
| | | |
| nieve (f) | snö (en) | ['snøː] |
| está nevando | det snöar | [dɛ 'snøːar] |
| helada (f) | frost (en) | ['frɔst] |
| bajo cero (adv) | under noll | ['undə ˌnɔlʲ] |
| escarcha (f) | rimfrost (en) | ['rimˌfrɔst] |
| | | |
| mal tiempo (m) | oväder (ett) | [ʊ'vɛːdər] |
| catástrofe (f) | katastrof (en) | [kata'strɔf] |
| inundación (f) | översvämning (en) | ['øːvəˌsvɛmniŋ] |
| avalancha (f) | lavin (en) | [lʲa'vin] |
| terremoto (m) | jordskalv (ett) | ['jʉːd̥ˌskalv] |

| | | |
|---|---|---|
| sacudida (f) | skalv (ett) | ['skalʲv] |
| epicentro (m) | epicentrum (ett) | [ɛpi'sɛntrum] |
| erupción (f) | utbrott (ett) | ['ʉt̪brɔt] |
| lava (f) | lava (en) | ['lʲava] |
| | | |
| tornado (m) | tornado (en) | [tʊ'n̪adʊ] |
| torbellino (m) | tromb (en) | ['trɔmb] |
| huracán (m) | orkan (en) | [ɔr'kan] |
| tsunami (m) | tsunami (en) | [tsu'nami] |
| ciclón (m) | cyklon (en) | [tsʏ'klʲɔn] |

## 22. Los animales. Unidad 1

| | | |
|---|---|---|
| animal (m) | djur (ett) | ['jʉːr] |
| carnívoro (m) | rovdjur (ett) | ['rʊv̩jʉːr] |
| | | |
| tigre (m) | tiger (en) | ['tigər] |
| león (m) | lejon (ett) | ['lʲejon] |
| lobo (m) | ulv (en) | ['ulʲv] |
| zorro (m) | räv (en) | ['rɛːv] |
| jaguar (m) | jaguar (en) | [jaguar] |
| | | |
| lince (m) | lodjur (ett), lo (en) | ['lʲʊjʉːr], ['lʲʊ] |
| coyote (m) | koyot, prärievarg (en) | [kɔ'jʊt], ['præːrie̩varj] |
| chacal (m) | sjakal (en) | [ʂa'kalʲ] |
| hiena (f) | hyena (en) | [hy'ena] |
| | | |
| ardilla (f) | ekorre (en) | ['ɛkɔrə] |
| erizo (m) | igelkott (en) | ['igəlʲ̩kɔt] |
| conejo (m) | kanin (en) | [ka'nin] |
| mapache (m) | tvättbjörn (en) | ['tvæt̪bjøːn̩] |
| | | |
| hámster (m) | hamster (en) | ['hamstər] |
| topo (m) | mullvad (en) | ['mulʲ̩vad] |
| ratón (m) | mus (en) | ['mʉːs] |
| rata (f) | råtta (en) | ['rɔta] |
| murciélago (m) | fladdermus (en) | ['flʲadər̩mʉːs] |
| | | |
| castor (m) | bäver (en) | ['bɛːvər] |
| caballo (m) | häst (en) | ['hɛst] |
| ciervo (m) | hjort (en) | ['jʊːt] |
| camello (m) | kamel (en) | [ka'melʲ] |
| cebra (f) | sebra (en) | ['sebra] |
| | | |
| ballena (f) | val (en) | ['valʲ] |
| foca (f) | säl (en) | ['sɛːlʲ] |
| morsa (f) | valross (en) | ['valʲ̩rɔs] |
| delfín (m) | delfin (en) | [dɛlʲ'fin] |
| oso (m) | björn (en) | ['bjøːn̩] |
| mono (m) | apa (en) | ['apa] |

| | | |
|---|---|---|
| elefante (m) | **elefant (en)** | [ɛlʲeˈfant] |
| rinoceronte (m) | **noshörning (en)** | [ˈnʊsˌhøːɳiŋ] |
| jirafa (f) | **giraff (en)** | [ɧiˈraf] |
| | | |
| hipopótamo (m) | **flodhäst (en)** | [ˈflʲʊdˌhɛst] |
| canguro (m) | **känguru (en)** | [ˈɕɛngurʊ] |
| gata (f) | **katt (en)** | [ˈkat] |
| perro (m) | **hund (en)** | [ˈhund] |
| | | |
| vaca (f) | **ko (en)** | [ˈkɔː] |
| toro (m) | **tjur (en)** | [ˈɕʉːr] |
| oveja (f) | **får (ett)** | [ˈfoːr] |
| cabra (f) | **get (en)** | [ˈjet] |
| | | |
| asno (m) | **åsna (en)** | [ˈɔsna] |
| cerdo (m) | **svin (ett)** | [ˈsvin] |
| gallina (f) | **höna (en)** | [ˈhøːna] |
| gallo (m) | **tupp (en)** | [ˈtup] |
| | | |
| pato (m) | **anka (en)** | [ˈaŋka] |
| ganso (m) | **gås (en)** | [ˈgoːs] |
| pava (f) | **kalkonhöna (en)** | [kalʲˈkʊnˌhøːna] |
| perro (m) pastor | **vallhund (en)** | [ˈvalʲˌhund] |

## 23. Los animales. Unidad 2

| | | |
|---|---|---|
| pájaro (m) | **fågel (en)** | [ˈfoːgəlʲ] |
| paloma (f) | **duva (en)** | [ˈdʉːva] |
| gorrión (m) | **sparv (en)** | [ˈsparv] |
| carbonero (m) | **talgoxe (en)** | [ˈtaljʊksə] |
| urraca (f) | **skata (en)** | [ˈskata] |
| | | |
| águila (f) | **örn (en)** | [ˈøːɳ] |
| azor (m) | **hök (en)** | [ˈhøːk] |
| halcón (m) | **falk (en)** | [ˈfalʲk] |
| | | |
| cisne (m) | **svan (en)** | [ˈsvan] |
| grulla (f) | **trana (en)** | [ˈtrana] |
| cigüeña (f) | **stork (en)** | [ˈstɔrk] |
| loro (m), papagayo (m) | **papegoja (en)** | [papeˈgoja] |
| pavo (m) real | **påfågel (en)** | [ˈpoːˌfoːgəlʲ] |
| avestruz (m) | **struts (en)** | [ˈstruts] |
| | | |
| garza (f) | **häger (en)** | [ˈhɛːgər] |
| ruiseñor (m) | **näktergal (en)** | [ˈnɛktəˌgalʲ] |
| golondrina (f) | **svala (en)** | [ˈsvalʲa] |
| pájaro carpintero (m) | **hackspett (en)** | [ˈhakˌspet] |
| cuco (m) | **gök (en)** | [ˈjøːk] |
| lechuza (f) | **uggla (en)** | [ˈuglʲa] |
| pingüino (m) | **pingvin (en)** | [piŋˈvin] |

| atún (m) | tonfisk (en) | ['tʊnˌfisk] |
| trucha (f) | öring (en) | ['øːriŋ] |
| anguila (f) | ål (en) | ['oːlʲ] |

| tiburón (m) | haj (en) | ['haj] |
| centolla (f) | krabba (en) | ['kraba] |
| medusa (f) | manet, medusa (en) | [ma'net], [me'dʉsa] |
| pulpo (m) | bläckfisk (en) | ['blʲɛkˌfisk] |

| estrella (f) de mar | sjöstjärna (en) | ['ɧøːˌɧæːŋa] |
| erizo (m) de mar | sjöpiggsvin (ett) | ['ɧøːˌpigsvin] |
| caballito (m) de mar | sjöhäst (en) | ['ɧøːˌhɛst] |
| camarón (m) | räka (en) | ['rɛːka] |

| serpiente (f) | orm (en) | ['ʊrm] |
| víbora (f) | huggorm (en) | ['hʉgˌʊrm] |
| lagarto (m) | ödla (en) | ['ødlʲa] |
| iguana (f) | iguana (en) | [igu'ana] |
| camaleón (m) | kameleont (en) | [kamelʲe'ɔnt] |
| escorpión (m) | skorpion (en) | [skɔrpi'ʊn] |

| tortuga (f) | sköldpadda (en) | ['ɧœlʲdˌpada] |
| rana (f) | groda (en) | ['grʉda] |
| cocodrilo (m) | krokodil (en) | [kroko'dilʲ] |
| insecto (m) | insekt (en) | ['insɛkt] |
| mariposa (f) | fjäril (en) | ['fʲæːrilʲ] |
| hormiga (f) | myra (en) | ['myra] |
| mosca (f) | fluga (en) | ['flʉːga] |

| mosquito (m) (picadura de ~) | mygga (en) | ['mʏga] |
| escarabajo (m) | skalbagge (en) | ['skalʲˌbagə] |
| abeja (f) | bi (ett) | ['bi] |
| araña (f) | spindel (en) | ['spindəlʲ] |
| mariquita (f) | nyckelpiga (en) | ['nʏkəlʲˌpiga] |

## 24. Los árboles. Las plantas

| árbol (m) | träd (ett) | ['trɛːd] |
| abedul (m) | björk (en) | ['bjœrk] |
| roble (m) | ek (en) | ['ɛk] |
| tilo (m) | lind (en) | ['lind] |
| pobo (m) | asp (en) | ['asp] |

| arce (m) | lönn (en) | ['lʲøn] |
| pícea (f) | gran (en) | ['gran] |
| pino (m) | tall (en) | ['talʲ] |
| cedro (m) | ceder (en) | ['sedər] |
| álamo (m) | poppel (en) | ['popəlʲ] |
| serbal (m) | rönn (en) | ['rœn] |

| haya (f) | bok (en) | ['bʊk] |
| olmo (m) | alm (en) | ['alʲm] |

| fresno (m) | ask (en) | ['ask] |
| castaño (m) | kastanjeträd (ett) | [ka'stanjə‚trɛd] |
| palmera (f) | palm (en) | ['palʲm] |
| mata (f) | buske (en) | ['buskə] |

| seta (f) | svamp (en) | ['svamp] |
| seta (f) venenosa | giftig svamp (en) | ['jiftig ‚svamp] |
| seta calabaza (f) | stensopp (en) | ['sten‚sɔp] |
| rúsula (f) | kremla (en) | ['krɛmlʲa] |
| matamoscas (m) | flugsvamp (en) | ['flʉ:g‚svamp] |
| oronja (f) verde | lömsk flugsvamp (en) | ['lʲømsk 'flʉ:g‚svamp] |
| flor (f) | blomma (en) | ['blʲʊma] |
| ramo (m) de flores | bukett (en) | [bʉ'kɛt] |
| rosa (f) | ros (en) | ['rʊs] |
| tulipán (m) | tulpan (en) | [tulʲ'pan] |
| clavel (m) | nejlika (en) | ['nɛjlika] |

| manzanilla (f) | kamomill (en) | [kamo'milʲ] |
| cacto (m) | kaktus (en) | ['kaktus] |
| muguete (m) | liljekonvalje (en) | ['lilje kʊn 'valjə] |
| campanilla (f) de las nieves | snödropp (en) | ['snø:‚drop] |
| nenúfar (m) | näckros (en) | ['nɛkrʊs] |

| invernadero (m) tropical | drivhus (ett) | ['driv‚hʉs] |
| césped (m) | gräsplan, gräsmatta (en) | ['grɛs‚plan], ['grɛs‚mata] |
| macizo (m) de flores | blomsterrabatt (en) | ['blʲomstər‚rabat] |
| planta (f) | växt (en) | ['vɛkst] |
| hierba (f) | gräs (ett) | ['grɛ:s] |
| hoja (f) | löv (ett) | ['lʲø:v] |
| pétalo (m) | kronblad (ett) | ['kron‚blʲad] |
| tallo (m) | stjälk (en) | ['ɧɛlʲk] |
| retoño (m) | ung planta (en) | ['uŋ 'planta] |

| cereales (m pl) (plantas) | spannmål (ett) | ['span‚mo:lʲ] |
| trigo (m) | vete (ett) | ['vetə] |
| centeno (m) | råg (en) | ['ro:g] |
| avena (f) | havre (en) | ['havrə] |

| mijo (m) | hirs (en) | ['hyʂ] |
| cebada (f) | korn (ett) | ['kʊ:ɳ] |
| maíz (m) | majs (en) | ['majs] |
| arroz (m) | ris (ett) | ['ris] |

## 25. Varias palabras útiles

| alto (m) (parada temporal) | uppehåll (ett), vila (en) | ['upə'ho:lʲ], ['vilʲa] |
| ayuda (f) | hjälp (en) | ['jɛlʲp] |

| balance (m) | balans (en) | [ba'lʲans] |
| base (f) (~ científica) | bas (en) | ['bas] |
| categoría (f) | kategori (en) | [katego'ri:] |

| coincidencia (f) | sammanfall (ett) | ['sam‚anfalʲ] |
| comienzo (m) (principio) | början (en) | ['bœrjan] |
| comparación (f) | jämförelse (en) | ['jɛm‚førəlʲsə] |
| desarrollo (m) | utveckling (en) | ['ʉt‚vɛkliŋ] |
| diferencia (f) | skillnad (en) | ['ɧilʲnad] |

| efecto (m) | effekt (en) | [ɛ'fɛkt] |
| ejemplo (m) | exempel (ett) | [ɛk'sɛmpəlʲ] |
| variedad (f) (selección) | val (ett) | ['valʲ] |
| elemento (m) | element (ett) | [ɛlʲe'mɛnt] |
| error (m) | fel (ett) | ['felʲ] |

| esfuerzo (m) | ansträngning (en) | ['an‚strɛŋniŋ] |
| estándar (adj) | standard- | ['standa:ɖ-] |
| estilo (m) | stil (en) | ['stilʲ] |
| forma (f) (contorno) | form (en) | ['fɔrm] |

| grado (m) (en mayor ~) | grad (en) | ['grad] |
| hecho (m) | faktum (ett) | ['faktum] |
| ideal (m) | ideal (ett) | [ide'alʲ] |
| modo (m) (de otro ~) | sätt (ett) | ['sæt] |
| momento (m) | moment (ett) | [mʊ'mɛnt] |

| obstáculo (m) | hinder (ett) | ['hindər] |
| parte (f) | del (en) | ['delʲ] |
| pausa (f) | paus (en) | ['paus] |
| posición (f) | position (en) | [pʊsi'ɧʊn] |
| problema (m) | problem (ett) | [prɔ'blʲem] |

| proceso (m) | process (en) | [prʊ'sɛs] |
| progreso (m) | framsteg (ett) | ['fram‚steg] |
| propiedad (f) (cualidad) | egenskap (en) | ['ɛgɛn‚skap] |
| reacción (f) | reaktion (en) | [reak'ɧʊn] |
| riesgo (m) | risk (en) | ['risk] |
| secreto (m) | hemlighet (en) | ['hɛmlig‚het] |
| serie (f) | serie (en) | ['seriə] |
| sistema (m) | system (ett) | [sʏ'stem] |

| situación (f) | situation (en) | [sitʉa'ɧʊn] |
| solución (f) | lösning (en) | ['lʲœsniŋ] |
| tabla (f) (~ de multiplicar) | tabell (en) | [ta'bɛlʲ] |
| tempo (m) (ritmo) | tempo (ett) | ['tɛmpʊ] |
| término (m) | term (en) | ['tɛrm] |
| tipo (m) (p.ej. ~ de deportes) | slag (ett), sort (en) | ['slʲag], ['sɔ:ʈ] |

| turno (m) (esperar su ~) | tur (en) | ['tʉ:r] |
| urgente (adj) | brådskande | ['brɔ‚skandə] |
| utilidad (f) | nytta (en) | ['nʏta] |

| variante (f) | variant (en) | [vari'ant] |
| verdad (f) | sanning (en) | ['saniŋ] |
| zona (f) | zon (en) | ['sʊn] |

## 26. Los adjetivos. Unidad 1

| abierto (adj) | öppen | ['øpən] |
| adicional (adj) | ytterligare | ['ytə‚ligarə] |
| agrio (sabor ~) | syr | ['syr] |
| agudo (adj) | skarp | ['skarp] |
| amargo (adj) | bitter | ['bitər] |
| | | |
| amplio (~a habitación) | rymlig | ['rʏmlig] |
| antiguo (adj) | forntida, antikens | ['fʊ:n‚tida], [an'tikəns] |
| arriesgado (adj) | riskabel | [ris'kabəlʲ] |
| artificial (adj) | konstgjord | ['kɔnstˌjʊːɖ] |
| azucarado, dulce (adj) | söt | ['søːt] |
| | | |
| bajo (voz ~a) | låg, lågmäld | ['lʲoːg], ['lʲoːgmɛlʲd] |
| bello (hermoso) | vacker | ['vakər] |
| blando (adj) | mjuk | ['mjʉːk] |
| bronceado (adj) | solbränd | ['sʊlʲˌbrɛnd] |
| central (adj) | central | [sɛn'tralʲ] |
| | | |
| ciego (adj) | blind | ['blind] |
| clandestino (adj) | hemlig | ['hɛmlig] |
| compatible (adj) | förenlig | [fø'rɛnlig] |
| congelado (pescado ~) | fryst | ['frʏst] |
| contento (adj) | nöjd, tillfreds | ['nœjd], ['tilʲfrɛds] |
| continuo (adj) | långvarig | ['lʲɔŋˌvarig] |
| | | |
| cortés (adj) | hövlig, artig | ['hœvlig], ['aːʈig] |
| corto (adj) | kort | ['kɔːʈ] |
| crudo (huevos ~s) | rå | ['roː] |
| de segunda mano | begagnad, secondhand | ['beˌgagnad], ['sekondˌhɛnd] |
| denso (~a niebla) | tät | ['tɛt] |
| | | |
| derecho (adj) | höger | ['høːgər] |
| difícil (decisión) | svår | ['svoːr] |
| dulce (agua ~) | söt-, färsk- | ['søːt-], ['fæːʂk-] |
| duro (material, etc.) | hård | ['hoːɖ] |
| enfermo (adj) | sjuk | ['ɧʉːk] |
| | | |
| enorme (adj) | enorm | [ɛ'nɔrm] |
| especial (adj) | speciell | [spesi'ɛlʲ] |
| estrecho (calle, etc.) | smal | ['smalʲ] |
| exacto (adj) | precis, exakt | [prɛ'sis], [ɛk'sakt] |
| excelente (adj) | utmärkt | ['ʉtˌmæːrkt] |
| excesivo (adj) | överdriven | ['øːvəˌdrivən] |

| | | |
|---|---|---|
| exterior (adj) | **yttre** | ['ytrə] |
| fácil (adj) | **lätt, enkel** | ['lʲæt], ['ɛŋkəlʲ] |
| feliz (adj) | **lycklig** | ['lʲyklig] |
| fértil (la tierra ~) | **fruktbar** | ['frukt‚bar] |
| frágil (florero, etc.) | **skör, bräcklig** | ['ɧøːr], ['brɛklig] |
| | | |
| fuerte (~ voz) | **hög** | ['høːg] |
| fuerte (adj) | **stark** | ['stark] |
| grande (en dimensiones) | **stor** | ['stʊr] |
| gratis (adj) | **gratis** | ['gratis] |
| importante (adj) | **viktig** | ['viktig] |
| | | |
| infantil (adj) | **barnslig** | ['baːnʃlig] |
| inmóvil (adj) | **orörlig** | [ʊˈrøːlʲig] |
| inteligente (adj) | **klok** | ['klʲʊk] |
| interior (adj) | **inre** | ['inrə] |
| izquierdo (adj) | **vänster** | ['vɛnstər] |

## 27. Los adjetivos. Unidad 2

| | | |
|---|---|---|
| largo (camino) | **lång** | ['lʲɔŋ] |
| legal (adj) | **laglig** | ['lʲaglig] |
| ligero (un metal ~) | **lätt** | ['lʲæt] |
| limpio (camisa ~) | **ren** | ['ren] |
| líquido (adj) | **flytande** | ['flʲytandə] |
| | | |
| liso (piel, pelo, etc.) | **glatt** | ['glʲat] |
| lleno (adj) | **full** | ['fulʲ] |
| maduro (fruto, etc.) | **mogen** | ['mʊgən] |
| malo (adj) | **dålig** | ['doːlig] |
| mate (sin brillo) | **matt** | ['mat] |
| | | |
| misterioso (adj) | **mystisk** | ['mystisk] |
| muerto (adj) | **död** | ['døːd] |
| natal (país ~) | **hem-, födelse-** | ['hɛm-], ['fødəlʲsə-] |
| negativo (adj) | **negativ** | ['nega‚tiv] |
| no difícil (adj) | **lätt** | ['lʲæt] |
| | | |
| normal (adj) | **normal** | [nɔrˈmalʲ] |
| nuevo (adj) | **ny** | ['ny] |
| obligatorio (adj) | **obligatorisk** | [ɔbligaˈtʊrisk] |
| opuesto (adj) | **motsatt** | ['mʊt‚sat] |
| ordinario (adj) | **vanlig** | ['vanlig] |
| | | |
| original (inusual) | **original** | [ɔrigiˈnalʲ] |
| peligroso (adj) | **farlig** | ['faːlig] |
| pequeño (adj) | **liten, små** | ['litən], ['smoː] |
| perfecto (adj) | **utmärkt** | ['ʉt‚mæːrkt] |
| personal (adj) | **personlig** | [pɛˈʂʊnlig] |
| pobre (adj) | **fattig** | ['fatig] |

| poco claro (adj) | oklar | [ʊ:'klʲar] |
| poco profundo (adj) | grund | ['grʉnd] |
| posible (adj) | möjlig | ['mœjlig] |
| principal (~ idea) | huvud- | ['hʉ:vʉd-] |
| principal (la entrada ~) | huvud- | ['hʉ:vʉd-] |

| probable (adj) | sannolik | [sanʊ'lik] |
| público (adj) | offentlig | [ɔ'fɛntlig] |
| rápido (adj) | snabb | ['snab] |
| raro (adj) | sällsynt | ['sɛlʲsʏnt] |
| recto (línea ~a) | rak, rakt | ['rak], ['rakt] |

| sabroso (adj) | läcker | ['lʲɛkər] |
| siguiente (avión, etc.) | nästa | ['nɛsta] |
| similar (adj) | lik | ['lik] |
| sólido (~a pared) | solid, hållbar | [sɔ'lid], ['ho:lʲ,bar] |
| sucio (no limpio) | smutsig | ['smutsig] |
| tonto (adj) | dum | ['dum] |

| triste (mirada ~) | trist | ['trist] |
| último (~a oportunidad) | sista | ['sista] |
| último (~a vez) | förra | ['fœ:ra] |
| vacío (vaso medio ~) | tom | ['tɔm] |
| viejo (casa ~a) | gammal | ['gamalʲ] |

## 28. Los verbos. Unidad 1

| abrir (vt) | att öppna | [at 'øpna] |
| acabar, terminar (vt) | att sluta | [at 'slʉ:ta] |
| acusar (vt) | att anklaga | [at 'aŋˌklʲaga] |
| agradecer (vt) | att tacka | [at 'taka] |
| almorzar (vi) | att äta lunch | [at 'ɛ:ta ˌlʉnɕ] |
| alquilar (~ una casa) | att hyra | [at 'hyra] |

| anular (vt) | att inställa, att annullera | [at in'stɛlʲa], [at anʉ'lʲera] |
| anunciar (vt) | att meddela | [at 'meˌdelʲa] |
| apagar (vt) | att slå av | [at 'slʲo: 'av] |
| autorizar (vt) | att tillåta | [at 'tilʲo:ta] |
| ayudar (vt) | att hjälpa | [at 'jɛlʲpa] |

| bailar (vi, vt) | att dansa | [at 'dansa] |
| beber (vi, vt) | att dricka | [at 'drika] |
| borrar (vt) | att ta bort, att radera | [at ta 'bɔ:t], [at ra'dera] |
| bromear (vi) | att skämta, att skoja | [at 'ɧɛmta], [at 'skɔja] |
| bucear (vi) | att dyka | [at 'dyka] |
| caer (vi) | att falla | [at 'falʲa] |

| cambiar (vt) | att ändra | [at 'ɛndra] |
| cantar (vi) | att sjunga | [at 'ɧu:ŋa] |
| cavar (vt) | att gräva | [at 'grɛ:va] |

| | | |
|---|---|---|
| cazar (vi, vt) | att jaga | [at 'jaga] |
| cenar (vi) | att äta kvällsmat | [at 'ɛ:ta 'kvɛlˡsˌmat] |
| | | |
| cerrar (vt) | att stänga | [at 'stɛŋa] |
| cesar (vt) | att sluta | [at 'slʉ:ta] |
| coger (vt) | att fånga | [at 'fɔŋa] |
| comenzar (vt) | att begynna | [at be'jina] |
| comer (vi, vt) | att äta | [at 'ɛ:ta] |
| comparar (vt) | att jämföra | [at 'jɛmˌføra] |
| | | |
| comprar (vt) | att köpa | [at 'ɕø:pa] |
| comprender (vt) | att förstå | [at fœ:'ʂto:] |
| confiar (vt) | att lita på | [at 'lita pɔ] |
| confirmar (vt) | att bekräfta | [at be'krɛfta] |
| conocer (~ a alguien) | att känna | [at 'ɕɛna] |
| | | |
| construir (vt) | att bygga | [at 'bʏga] |
| contar (una historia) | att berätta | [at be'ræta] |
| contar (vt) (enumerar) | att räkna | [at 'rɛkna] |
| contar con … | att räkna med … | [at 'rɛkna me …] |
| copiar (vt) | att kopiera | [at kɔ'pjera] |
| correr (vi) | att löpa, att springa | [at 'lˡø:pa], [at 'spriŋa] |
| | | |
| costar (vt) | att kosta | [at 'kɔsta] |
| crear (vt) | att skapa | [at 'skapa] |
| creer (en Dios) | att tro | [at 'trʊ] |
| dar (vt) | att ge | [at je:] |
| decidir (vt) | att besluta | [at be'slʉ:ta] |
| | | |
| decir (vt) | att säga | [at 'sɛ:ja] |
| dejar caer | att tappa | [at 'tapa] |
| depender de … | att bero på … | [at be'rʊ pɔ …] |
| desaparecer (vi) | att försvinna | [at fœ:'svina] |
| desayunar (vi) | att äta frukost | [at 'ɛ:ta 'frʉ:kɔst] |
| | | |
| despreciar (vt) | att förakta | [at fø'rakta] |
| disculpar (vt) | att ursäkta | [at 'ʉ:ˌʂɛkta] |
| disculparse (vr) | att ursäkta sig | [at 'ʉ:ˌʂɛkta sɛj] |
| discutir (vt) | att diskutera | [at diskʉ'tera] |
| divorciarse (vr) | att skilja sig | [at 'ɧilja sɛj] |
| dudar (vt) | att tvivla | [at 'tvivlˡa] |

## 29. Los verbos. Unidad 2

| | | |
|---|---|---|
| encender (vt) | att slå på | [at 'slˡo: pɔ] |
| encontrar (hallar) | att finna | [at 'fina] |
| encontrarse (vr) | att mötas | [at 'mø:tas] |
| engañar (vi, vt) | att fuska | [at 'fʉska] |
| enviar (vt) | att skicka | [at 'ɧika] |
| equivocarse (vr) | att göra fel | [at 'jø:ra ˌfelˡ] |

| | | |
|---|---|---|
| escoger (vt) | att välja | [at 'vɛlja] |
| esconder (vt) | att gömma | [at 'jœma] |
| escribir (vt) | att skriva | [at 'skriva] |
| esperar (aguardar) | att vänta | [at 'vɛnta] |
| esperar (tener esperanza) | att hoppas | [at 'hɔpas] |
| estar ausente | att vara frånvarande | [at 'vara 'froːnˌvarandə] |
| | | |
| estar cansado | att bli trött | [at bli 'trœt] |
| estar de acuerdo | att samtycka | [at 'samˌtʏka] |
| estudiar (vt) | att studera | [at stu'dera] |
| exigir (vt) | att kräva | [at 'krɛːva] |
| existir (vi) | att existera | [at ɛksi'stera] |
| | | |
| explicar (vt) | att förklara | [at før'klʲara] |
| faltar (a las clases) | att missa | [at 'misa] |
| felicitar (vt) | att gratulera | [at gratu'lʲera] |
| firmar (~ el contrato) | att underteckna | [at 'undəˌtɛkna] |
| girar (~ a la izquierda) | att svänga | [at 'svɛŋa] |
| gritar (vi) | att skrika | [at 'skrika] |
| | | |
| guardar (conservar) | att behålla | [at be'hoːlʲa] |
| gustar (vi) | att gilla | [at 'jilʲa] |
| hablar (vi, vt) | att tala | [at 'talʲa] |
| hablar con … | att tala med … | [at 'talʲa me …] |
| hacer (vt) | att göra | [at 'jøːra] |
| | | |
| hacer la limpieza | att städa | [at 'stɛda] |
| insistir (vi) | att insistera | [at insi'stera] |
| insultar (vt) | att förolämpa | [at 'førʊˌlʲɛmpa] |
| invitar (vt) | att inbjuda, att invitera | [at in'bjʉːda], [at invi'tera] |
| ir (a pie) | att gå | [at 'goː] |
| | | |
| jugar (divertirse) | att leka | [at 'lʲeka] |
| leer (vi, vt) | att läsa | [at 'lʲɛːsa] |
| llegar (vi) | att ankomma | [at 'aŋˌkɔma] |
| llorar (vi) | att gråta | [at 'groːta] |
| matar (vt) | att döda, att mörda | [at 'døːda], [at 'møːɖa] |
| mirar a … | att titta | [at 'tita] |
| | | |
| molestar (vt) | att störa | [at 'støːra] |
| morir (vi) | att dö | [at 'døː] |
| mostrar (vt) | att visa | [at 'visa] |
| nacer (vi) | att födas | [at 'føːdas] |
| | | |
| nadar (vi) | att simma | [at 'sima] |
| negar (vt) | att förneka | [at fœː'ŋeka] |
| | | |
| obedecer (vi, vt) | att underordna sig | [at 'undərˌɔːɖna sɛj] |
| odiar (vt) | att hata | [at 'hata] |
| oír (vt) | att höra | [at 'høːra] |
| olvidar (vt) | att glömma | [at 'glʲœma] |
| orar (vi) | att be | [at 'beː] |

## 30. Los verbos. Unidad 3

| | | |
|---|---|---|
| pagar (vi, vt) | att betala | [at be'talʲa] |
| participar (vi) | att delta | [at 'dɛlʲita] |
| pegar (golpear) | att slå | [at 'slʲo:] |
| pelear (vi) | att slåss | [at 'slʲɔs] |
| pensar (vi, vt) | att tänka | [at 'tɛŋka] |
| perder (paraguas, etc.) | att mista | [at 'mista] |
| | | |
| perdonar (vt) | att förlåta | [at 'fœ:ˌlʲo:ta] |
| pertenecer a ... | att tillhöra ... | [at 'tilʲˌhø:ra ...] |
| poder (v aux) | att kunna | [at 'kuna] |
| poder (v aux) | att kunna | [at 'kuna] |
| preguntar (vt) | att fråga | [at 'fro:ga] |
| preparar (la cena) | att laga | [at 'lʲaga] |
| | | |
| prever (vt) | att förutse | [at 'førɵtˌsə] |
| probar (vt) | att bevisa | [at be'visa] |
| prohibir (vt) | att förbjuda | [at før'bjɵ:da] |
| prometer (vt) | att lova | [at 'lʲova] |
| proponer (vt) | att föreslå | [at 'førəˌslʲo:] |
| quebrar (vt) | att bryta | [at 'bryta] |
| | | |
| quejarse (vr) | att klaga | [at 'klʲaga] |
| querer (amar) | att älska | [at 'ɛlʲska] |
| querer (desear) | att vilja | [at 'vilja] |
| recibir (vt) | att ta emot | [at ta ɛmo:t] |
| repetir (vt) | att upprepa | [at 'uprepa] |
| reservar (~ una mesa) | att reservera | [at resɛr'vera] |
| | | |
| responder (vi, vt) | att svara | [at 'svara] |
| robar (vt) | att stjäla | [at 'ɧɛ:lʲa] |
| saber (~ algo mas) | att veta | [at 'veta] |
| salvar (vt) | att rädda | [at 'rɛda] |
| secar (ropa, pelo) | att torka | [at 'tɔrka] |
| | | |
| sentarse (vr) | att sätta sig | [at 'sæta sɛj] |
| sonreír (vi) | att småle | [at 'smo:lʲe] |
| tener (vt) | att ha | [at 'ha] |
| tener miedo | att frukta | [at 'frɵkta] |
| | | |
| tener prisa | att skynda sig | [at 'ɧynda sɛj] |
| tener prisa | att skynda sig | [at 'ɧynda sɛj] |
| terminar (vt) | att avbryta | [at 'avˌbryta] |
| tirar, disparar (vi) | att skjuta | [at 'ɧɵ:ta] |
| tomar (vt) | att ta | [at ta] |
| trabajar (vi) | att arbeta | [at 'arˌbeta] |
| | | |
| traducir (vt) | att översätta | [at 'ø:veˌsæta] |
| tratar (de hacer algo) | att pröva | [at 'prø:va] |
| vender (vt) | att sälja | [at 'sɛlja] |

| | | |
|---|---|---|
| ver (vt) | **att se** | [at 'se:] |
| verificar (vt) | **att checka** | [at 'ɕɛka] |
| volar (pájaro, avión) | **att flyga** | [at 'flʲyga] |